はじめに

三冠王を育てた“見ているだけ”のコーチング

私が考えるコーチングについて書いていく前に、まず私自身が初めて体験したコーチングの話から書いてみよう。

1979年にドラフト3位でロッテへ入団した私は、社会人出身ということもあって、一応レギュラー予備軍としてスタートすることになった。だが、春季キャンプ早々に打撃練習をしていると、ケージの後ろで山内一弘監督が金田正一さんと話している声が聞こえた。

「あの打ち方じゃあ（落合は）ダメだろう」と金田さん。

「そうだね」と山内監督も答える。

この会話を耳にした私は、「何でダメな選手をドラフトで指名するんだ」と少々憤りを感じながらも、「それならば、自分のやり方で最後までやってみよう」と決意した。

その後、山内監督から直々に打撃指導を受ける機会があった。山内さんは現役時代に数多くの打撃タイトルを手にし、指導者に転じてからも卓越した打撃理論で選手の指導にあたってきた。教え始めると時間を忘れて徹底的にやることから、「やめられない、止まらない」の〝カッパえびせん〟というニックネームまでつけられた情熱的な人だ。

山内さんは、私にも様々なたとえを使って丁寧に指導をしてくれた。ホースで水撒きをする時の腕の使い方から、洗顔をする際の水のすくい方まで——実に細やかな指導であったが、私はそのすべての話を聞いた上で「俺のことはほっておいてください」と言ってしまった。振り返れば無謀な言動だったが、それ以降、山内監督は私に対して何も言わなくなった。

その結果、自分のスイングを自分自身で作り上げることになってしまった私は、先輩の中からお手本にできるスイングをしている人を探した。やがて、土肥健二さんという3歳上の先輩のスイングを参考にしながら、自分の打撃フォームを作っていった。

土肥さんのスイングを真似た私は、2年間は一軍と二軍を行ったり来たりの状態を続けていたが、3年目に何とか一軍定着を果たすと、オールスター戦出場、首位打者獲得と、ようやくプロ野球選手らしくなることができた。

首位打者争いをしている頃に、自分のスイングについて考えた私は、実は山内さんの指導が生きていることに気づかされた。私は内角に投げ込まれるボールへの対処がうまいと評価されていたが、この打ち方は、現役時代に『シュート打ちの名人』と呼ばれた山内さんの専売特許なのである。つまり、私は知らず知らずのうちに山内さんのスイングを習得していたのだ。

さらに、シーズンが終盤に差しかかると、何とか私に首位打者を獲らせようと、いろいろなサポートをしてくれた。ライバルの打者がいるチームと対戦する時には、「あいつには絶対に打たせるな」と投手にハッパをかけた。一方、私の調子が良くない時は交代や休養をさせ、少しでも良い状態で打席に立てるようにしてくれた。こうした配慮は、自らも熾烈なタイトル争いを経験し、その中を勝ち抜いてきた指導者にしかできないものだろう。

山内さんの指導は的を射ていた。だが、ルーキーだった私が、その指導法を理解することができなかったのだ。それでも強制的に教え続けずに、ほうっておいてくれた（じっと見ていてくれたと表現したほうがいいか？）こと、そして私が這い上がってきた時に最高のサポートをしてくれたことを、山内さんに深く感謝した。

山内さんは、私が首位打者を獲得した81年限りでロッテ監督の座を退かれたが、翌82年に私が史上最年少となる28歳で三冠王を手にすると、その祝賀会にも足を運んでくださった。その時にかけられた

「やっぱり、おまえはいいバッターだったな。それにしても、三冠王になるとは想像できなかった」

という言葉は今でも忘れられない。

その後、ロッテでは西村徳文（現・千葉ロッテ外野守備・走塁コーチ）という俊足の内野手が台頭してきた。西村には山内さんの指導法が合うのではないかと考えた私は、西村を連れて山内さんのお宅を訪ねた。当時の西村には、ルーキーだった私よりも山内さんの指導を理解できる土台があるとも感じていたからだ。

すると、山内さんは私の時と同じように、口から泡を飛ばして西村に打撃指導をしてくれた。西村の打撃は、劇的にではないが少しずつ確実にレベルアップした。そして、私が中日へ移籍した後は主力となり、90年には打率3割3分8厘をマーク、ついに首位打者に輝いた。

高校、大学と満足に野球に取り組まず、社会人でも弱小チームでプレーした私にとって、本格的な指導を受けた最初の人である山内さんとのことは、私自身が体験し、また後輩の成長を目の当たりにしたという点でも、若手に対するコーチングのいい手本だと感じている。

テレビのスポーツニュースをよく見る方ならご記憶かもしれないが、私は今春、横浜べイスターズのキャンプに臨時コーチとして招かれた。現役を引退した後、臨時であれ『コーチ』という肩書をいただいて選手と接したのは初めての経験だった。3日間という実にわずかな時間であったが、私自身も「コーチングとは?」という基本的なテーマから、「良いコーチ、悪いコーチ」についてあらためて考える良い機会になった。

そんな経験をしてしばらくたった時、今回の出版の話が舞い込んだ。実に興味深い仕事だと思い、慣れないペンを走らせることにした。出版社は立派なタイトルをつけるが、こういう生き方、考え方をする人間もいるのだという参考書として読んでいただければ幸いだ。しかし、私の考えるコーチングは、少なくとも落合博満というエリートではない野球選手を一流に育て上げた実績はある。さらに、プロ野球界だけではなく、一般社会でも活用できるテーマを意識して書いたつもりだ。

上司や指導者といった立場にある方は「最近の若い者は……」と嘆く前に、また、これからの社会を生きていく若い人たちは「自分の人生をより実りあるものにしよう」という気持ちで、しばらくおつき合いいただければ幸いである。

二〇〇一年八月

落合博満

目　次◎**コーチング**——言葉と信念の魔術

第五章◎

勝ち続けるために、自分自身を鍛えろ!

――仕事のプロとしての自覚と自信を手に入れるための「思考」

装丁／石澤義裕
撮影／須田慎太郎

第一章

教えるのではなく、学ばせる

――押しつけない。ヒントを与える。「自分で育つ」ためのコーチング

コーチは教えるものではない。見ているだけでいいのだ

私には、コーチという仕事は教えるものではなく、見ているだけでいいという持論がある。

私が指導者になり、ある選手の打ち方を見て「そうではなく、こうしないといけない」と言ったとしても、それは見る側である私の勝手な解釈に過ぎない。実際にやっているのは選手本人だ。本人の感覚までは、我々にはわからない。

野球が上達する一番の秘訣は、技術的なことでも精神的なことでもない。その選手の感性の豊かさだ。ある選手の練習方法が、周りから見れば良くないやり方の場合がある。だが、周りの人間が取り組み方を変えなければいけないとわかっていても、その選手自身が理解しなければ、今まで積み上げてきたものがゼロになる可能性も出てきてしまう。ボールの打ち方ひとつをとっても、すべてその選手の感性次第だ。そうした部分には、指導者も入り込めない。

それでも、そこを度外視して「おまえのやり方は間違っている。こうしなければならないのだ」と断定的な言い方をすれば、選手に混乱を与えてしまうだけだ。それでつぶれていったのは、プロの門を叩いた選手の90％以上になるはずだ。そうしたことを踏まえると、コーチの仕事は〝教えることではなく見ていること〟であると考えられる。

その選手には、その選手なりの良い部分がある。だから指導者は、その良い部分は何かを見極めて頭の中に叩き込んでおけばいい。そのためには、何が良くて何が悪いかを分析する能力がなければならない。見ているだけでいいと言ったが、ただ単に眺めているだけでは答えは出せない。

例えば、ある選手のスイングを見るなら、全体的なバランスを観察し、「この部分が良いから、この選手は打てる。反対にこの部分が悪いから、今は伸び悩んでいる」ということを理解しておく。そして、良いところ、悪いところについて、自分の中である程度の答えを出せるようにしておけば、その選手が「わからないから、教えてください」と言ってきた時に、事細かに説明してやれる。それができるかできないかが、良いコーチ、悪いコーチの基準だと思えるのだ。

日本では、口を酸っぱくして教えられるのが良いコーチで、それができないのは、何も仕事をしない悪いコーチと言われてしまう。だが、決してそうではない。周りの目を気にし、選手に手取り足取り教えないと、「このコーチは何もやっていない」と思われるのではないかという考え方をするからいけないのだ。本当に気をつけなければならないのは、指導能力のない者が、素質の高い者の入り込んではいけない部分に入り込んでつぶしていくことなのだ。

選手が勝手に育つまで、指導者はひたすら我慢すべき

まず、〝見ているだけ〟が理想のコーチングと書いたが、この〝見ているだけ〟というのは、見ている側も本当はつらい。さっさとアドバイスをしてしまったほうがよほど楽だ。「ここにさえ気がついてくれれば……」とか「ここを直すのなら、こういうやり方があるのに、どうして気がついてくれないのかな」という思いが、じれったさにつながっていく。アドバイスをして、その通りにやらせるのがいいのか。それとも選手が気づくまでほうっておくのがいいのか。これは簡単に答えが出せることではない。

「時は金なり」という言葉から考えれば、「そんなに遠回りをしていないで、こうすれば別の答えが出てくるじゃないか」と、アドバイスを送るのが近道かもしれない。だが、それはあくまで上に立つ人間の考え方だと思う。

2001年の春、横浜ベイスターズのキャンプで臨時コーチを任された時の私も、選手に対してスイングの際のスタンス、バットの高さなど細かな部分については、「こうだ」

とか「こうしなさい」とはひと言も言わなかった。バットを振るのは私ではないからだ。

私がスイングを見た選手の一人に、多村仁という入団7年目の外野手がいた。多村は、2000年まで横浜の助っ人として活躍を続けていたロバート・ローズにそっくりな構え方をしていた。多村がなぜそうしたのか、直接は聞いていない。私の想像だが、高い数字を残すローズの打ち方を毎日見ているうちに、真似してやるようになったのだろう。

同じチームに打率の良いバッターがいると、その打ち方を真似るというやり方はよくある。イチローを真似る選手もいれば、王貞治さんや私の打ち方を真似た者もいた。多村の場合は、たまたまそこにローズがいたということだ。

模倣から入っても、そこから何かをつかめばいい。だから、多村に接した私も、「そのフォームはダメだから、こうやって構えて打て」と言うのではなく、ただひたすらバットを振らせた。振らせる量は半端ではない。2時間、3時間の間に、1000〜1500回振らせた。

私の分析では、模倣したフォームで10時間に1000回振れと言えば、ローズの形のままでできると思う。しかし、2時間に1000回(7・2秒に1回)以上振らなければならないとなれば、ローズを模倣した形では無理だ。なぜなら、多村の体格でそのスイングをしていたら、余分な力を使って疲れてしまうからだ。案の定、多村は、次第に少しでも楽をして振れるように自分自身でフォームを変えていった。

そして、最終的にはローズのフォームの影も形もなくなって、多村自身が一番楽をして振れるフォームを自分でつかんだのだ。

これは、まさしく現役時代の私のやり方だ。1時間でも2時間でも、打撃投手か私のどちらかがへばるまで特打ちをやった。2時間もやれば、打撃投手のほうがへばった。最後はピッチャー返しの打球をよけ切れなくなって体に当たり、それを終了の合図にしていた。

余談になるが、私よりも歳上の打撃投手は、1時間たとうが1時間半を過ぎようが自分から「やめようか。疲れた」とは絶対に言わなかった。私の打撃練習は、打撃投手と私の意地の張り合いと言えた。私は、フォームを崩さずに平気で打っていた。向こうも平気で投げていた。お互いに手を抜いているわけではない。真剣に打って、真剣に投げた。

それができたのは、お互いに余分な力が入らないからだ。打撃投手も私も、余分な力が入っていたら長時間の練習には耐えられない。だから、多村に自分のスイングを理解させる場合も、ただひたすらに振らせればいいと考えた。結果、想像以上にフォームが変化したことは、私にとっても貴重な勉強になった。

2時間もの間、選手はひたすらにバットを振り、指導者はそれをじっと見続ける――これは選手にとっても指導者にとっても、忍耐に近いものかもしれない。なぜなら、最近の社会は、教える側は教えることに、また教えられる側は教えられることに〝慣れ〟過ぎているると思えるからだ。これは、詰め込み式の学校教育に起因する部分もあると思うが、こうした傾向は、教える側は画一的な方法論しか持てなくなるし、一方の教えられる側からは自ら学ぼうとする姿勢を奪い取ってしまう、と感じている。

コーチングとは、経験や実績を備えた指導者（上司）が、いかに選手（部下）を教育するか、という一方通行的なものではない。愛情を持って選手を育てようとする指導者と、必死に学んで成長しようとする意欲に満ちた選手とのハーモニーである。選手の「うまくなりたい」という向上心を喚起し、美しいハーモニーを奏でていくためには、まずその選手を十分に観察してやることが大切なのである。

部下の置かれた立場を考え、絶妙のタイミングで言葉をかける

指導者にとって、言葉とは重要なものである。最近の指導者には、俗にいうカリスマ性みたいなものが求められている。どういう考えで仕事を進めるのか、どういう経営方針でいくのか、それを部下に話して「なるほど、そうなんだよな」と思わせなければならない。反対に、どんなに素晴らしいアイデアや指導法を身につけていても、それを伝えるボキャブラリーが乏しくては、部下からの信頼は得られない。

それでは、指導者は部下にどうやって、どんな言葉をかければいいのか。まず考えなければならないのは、部下の置かれている立場である。プロ野球選手の指導を例に説明しよう。

まず、1年目の選手には「否定」のフレーズを使ってはいけない。ルーキーというのは、アマチュアでの実力が認められてプロに入ってきた。だから、自分のやってきたことは正しいと思ってやっている。そんな選手に対して「おまえのやり方は違う。こうやらなくて

はいけない」と一方的に否定してしまうと、指導者と選手との間には溝ができてくる。

そこで、1年間だけは自主性に任せ、選手のほうからアドバイスを求めてきた時に、その選手の力を評価しながら指導してやる。大切なのは褒めることだ。とにかく、いいところを見つけて褒めてやる。「ここがいけない」というのではなく、「ここが素晴らしいね。それなら、ここも同じようにしてみたらどうだ」というような言い方がいいだろう。

次は、2〜3年目になっても結果の出ていない選手。ある程度の練習を積み重ねているのに一軍に昇格できないのは、どこかに原因があるからだ。まずは、それが何かということを分析しておく。本人もいろいろと打開策を考えているはずだから、それを尊重しながら、指導者として正しい練習法を教えてやらなければならない。こうした選手には自信をつけさせることも大切だから、密にコミュニケーションを取って「俺は、指導者から見放されてはいないんだ」と感じさせることも必要だろう。

さて、指導者の力量が最も求められるのは中堅クラス、6年、7年と経験を積んでも芽の出てこない選手に対してだろう。こういう選手との接し方は、指導者の主導型でいい。このままでは先がないのだから、完璧に洗脳してやらなければならない。様々な指導を受けてきて、それでも結果が出せなかった。それこそ崖っ淵に立たされていて、何かにすがりたいとさえ考えている選手には、指導者のノウハウを徹底的に叩き込むしかない。

また、指導者から部下への言葉は、かけるタイミングも慎重に考えたい。寝起きの人に矢継ぎ早に言葉をかけると気分を害してしまうように、話しかけるタイミングは大切だ。眠たい時、空腹の時などは、誰だって虫の居所が悪い。そんな時に「あの仕事は終わったのか」などと追い打ちをかけるような言葉は避けたい。

さらに、新しい仕事を与えた時など、多少の不安を抱えているような部下に対しては、背中を押してやるような言葉で気持ちを奮い立たせてやりたい。

私を臨時コーチに招いた横浜の森祇晶《まさあき》監督は、新しいリリーフエースに斎藤隆を指名した。斎藤はプロ10年目で実績も残してきている投手だが、本格的なリリーフの経験はない。先発からリリーフへ転向する不安、また、かつて守護神だった佐々木主浩《かずひろ》と比較されてしまうことなど、新しい役割にスムーズに入り込めない精神状態になっていたようだ。

森監督は、そんな斎藤をしばらく静観していた。監督の方針なのだから、いずれにしても斎藤はリリーフをやらなければならない。

だが、悶々とした気持ちで取り組んだのでは、本人にとってもチームにとっても大きなマイナスである。キャンプからオープン戦と時間を経ていく中で、斎藤の気持ちが徐々に前向きになってきたとみるや、森監督は斎藤を呼んで「俺は、おまえと心中する」という殺し文句を口にした。

斎藤も、「この言葉で吹っ切れた」と、後にインタビューで語っていたが、これが百戦錬磨と言われる指導者のカリスマ性だろう。信頼されている上司の言葉は、時には精神安定剤となり、時には最高の栄養ドリンクにもなる。それならば、話す相手の置かれている立場やタイミングを考え、その効果をさらに高めたいものだ。

手取り足取りは、若い者をダメにする。アドバイスは〝ヒント〟だけ

若い社員が仕事のやり方に行き詰まり、さらに上司に対してどうアドバイスを求めたらいいかさえわからないでいると見えた時、そんな場合はヒントだけを与えて、あとは本人に考えさせるのがいい。ここでも手取り足取りの指導は控えたい。手取り足取り教えてしまうと、次の局面になっても、その社員は能動的に困難を乗り越えようとしなくなる。

手取り足取り教えた上司が、いつまでもその部署にいるとも限らない。人事異動があれば、もしくはヘッド・ハンティングで他社へ移ってしまうこともあるだろう。その上司がいなくなったら、若い社員は新しい上司に、また一からのやり直しで教えてもらわなければならなくなる。こうした仕事の進め方では、自分に身につくものは何もない。結局は教えられたことしかやらなくなり、困れば誰かを頼って自分で考えることはしなくなる。

しかし、何らかのヒントをもらって自分で答えを出すという経験をすれば、次の問題に出くわした時にも、「前はこういうやり方だった。自分で考えてみたら、また別の方法が

出てくるのではないか」と応用しながら、自分を生かすような物事の考え方ができてくる。それでにっちもさっちもいかなければ、「あの時、あの人がこんなことを言った。ちょっと参考にしてやってみようかな」とか「この人はこんなことを言った。それも参考にしてみようかな」とやってみるようになる。こうした経験を繰り返すうちに、自分独自のやり方が見えてくるようになるはずだ。

ところが、先にも述べたように、現代社会において上司は教えることに慣れ、部下は教えられることに慣れすぎている。ヒントではなく、やり方や答えばかりを教わるようになっていて、それが自分の色を出せなくなる原因になっている。これは、時代の流れが速くなってきたということにも起因しているかもしれない。

視点をどこへ置くかによって、すべての答えの出し方は変わる。失敗する時は失敗すればいい。失敗することを恐れず、失敗しても、その経験を次への糧《かて》にすればいい。失敗したことが自分の教訓として生かされていれば、同じ失敗を繰り返してしまうことも避けられる。

プロ野球界では、新人にベテランと同じ働きを求めることができるし、また最初からそれをこなせる選手もいる。それは、小・中学校時代からバットを振り、ボールを投げるといった動作をずっとやってきた人間の集まりだからだ。たとえ所属するチームが変わり、求められる技術が高度なものになったとしても、新しいチームにある程度慣れさえすれば、あとは時間が解決してくれる。

だが、一般社会においては、5年も10年も第一線で活躍している人と同じことを新人に要求しても、とても無理な話だろう。学業というものから、仕事というまるきり未知の世界に入る。だから上司は、若い社員がにっちもさっちもいかなくなったら、「こうやればいい」と教えるのではなく、何らかのヒントなりアドバイスをしてやる。このやり方は、遠回りなのかもしれない。しかし、長い目で見れば必ず本人のため、会社のためになるはずだ。新人の教育は〝急がば回れ〟でいきたい。

「1＋1」だけが2ではない。答えから導く式は無数にある

理想的なバッットスイングというものは存在し、それを作り上げるためのチェックポイントもある。専門的な話になってしまうが、バットが遠回りしていないか、ヘッドが下がっていないか、体の開き方はどうか、などである。プロの指導者なら、いや、本格的に野球に取り組んだ経験のある人なら、選手のスイングを見れば「バットが遠回りしています」とか「ヘッドが下がっています」と指摘することはできるはずだ。

だが、なぜそうなるのか、どこに原因があるか、どこを直さなければいけないか、といったことについて、明快に解説できる人は少ない。

バットスイングとは、こういう形にならなければとか、この形がパーフェクトだという〝答え〟があるにもかかわらず、そうしていくための方法がよくわかっていないものだ。

例えば、先に書いたチェックポイントが10あるとしよう。これをすべて身につければいいとすれば、1から順に始める人もいれば、10から始めて、9、8、7……1という人がい

てもいい。1から5までは省略して、6から10とやる人もいれば、10から6という人もいるだろう。パーフェクトなバットスイングを身につけるための方法論はたくさんある。

だが、日本のプロ野球界においては、ほとんどの指導者が1から始めて2、3、4……と教えていくし、選手たちもそうしたステップを踏んで身につけようとする。一般社会にも、そんな傾向はあるのではないか。

「1＋1は？」という式を出せば、「2」という答えはすぐに出せる。では、「2」という答えになる式を作ってみよう。「1＋1」だけではなく、「3－1」でもいいし、「1×2」でも「4÷2」でもいい。答えを「2」にできる式は無数にある。何かに取り組み、結果を出そうとする時は、何も問題から答えを出さなければいけないという決まりはない。

考えてみてほしい。バットスイングにおいては、最終的にボールをとらえる形や、フォロースルーの形ができ上がればいいのだ。ならば、最終的な形（答え）から自分が身につけるべきこと（式）を考えていってもいいはずだ。指導者は、その式にあたる方法論を示してやることが大切だろう。

こうした何気ない問題は、どんな職種にもある。例えば、1億円の利益を挙げようとする仕事があったとする。ゼロから1億円の利益を挙げろと言ったら、どんなに一生懸命に考えても、どこかで壁にぶつかるだろう。結果が1億円に満たず、9000万円になるかもしれない。だが、1億円という答えから導かれるやり方は、必ずいくつかあるはずだ。指導者は、こうした出発点（式）から答えを出すやり方と、答えから式に戻すやり方、この二通りの方法論を常に頭に入れておかなければならない。どちらが正しくて、どちらが間違っているということはない。その仕事をしていく人に合うやり方、最もやりやすいと思われる方法を見つけて、その人の持ち味を引き出して伸ばしてやるべきだ。

バットスイングでも「構えはこうで、フォロースルーはこうだ」といくら言っても、その形が合わない選手もいる。そういう選手には、最終的にこうなってくれればいいという形を示し、その人に合ったやりやすい方法を探す。方法論は何もひとつだけではないのだ。そして、こうしたやり方で物事に取り組むためには、教える側はいろいろと勉強しておかなければならない。自分がやってきたことが、すべて正しいということはないからだ。やり方はたくさんある。その中で本人に合ったやり方を見つけさせるのが、最も親切な上司の接し方だろう。

頭で考えて、リスクのない方法で取り組む人もいれば、ある程度のリスクを承知しながら、最終的に目標を達成しようとする人もいるだろう。そうしたプロセスの時点で「君のやり方は違う」とは必ずしも言えないはずだ。

すぐに結果を求めるな。大切なのは「ケイゾク」

横浜キャンプで多村と私が行ったような練習に取り組む時には、大切なことがもうひとつある。それは、指導者も選手も、短時間に結果を求めてはいけないということだ。これは期間の差こそあれ、若い社員の教育にも通じる部分があると思う。実際、多村に対しても「この練習でつかんだことを、2～3年かけて完成させればいい。間違っても、1週間後に結果を求めようとはするな」と言っておいた。

さらに言えば、これは教える側の最も無責任な部分を正すことにもつながる。どんな世界でも、指導者は教えた人間がすぐに結果を出してほしいと願う。願うだけならいいが、結果を残してもらわなければ困ると考えるのが現実だろう。

プロ野球界でも、コーチが「あいつはきちんと教えているのか」という周囲の声に怯え、ついにオーバーペースで詰め込み指導をしてしまうことがある。そんな指導の最悪のパターンは、周囲の人間には「あいつは言うことをきかない」とグチを漏らし、選手に対しては「おまえは気合が足りないんだ」などと言ってしまうこと。だが、一般社会でも、こんな無責任な指導を目の当たりにしたり、聞いたりした方は少なくないのではないか。

指導者が胆に銘じるべきことは、自分の知識や技術を伝達していくことは、そんなに簡単なものではない、ということだ。

また、のみ込みの早い者なら、指導者が教えたことを〝一時〟はできるようになるだろう。だが、これで安心してはいけない。一度できたことを、継続してできるようになることのほうが大切なのだ。だから結果はすぐに求めない。時間をかけて、ある程度の進歩が実感できたと選手が納得してやってくれればいい。将来的に、その選手がいい結果を残して財産になってくれれば、もっといいと考えたい。

指導者にとっての本当の楽しみは、自分が教えた選手の成長するプロセスを見守ることではないか。毎日近くから観察し、その選手が「ここから先がわからない」とか「次のステップを教えてほしい」と言ってきた時には、それまで見てきたことを踏まえて的確な指導をしてやる。これが、心地よい師弟関係を築いてくれるはずだ。

方法論は教えられるが、「これをやりなさい」とは言えない

これは現役時代の終盤頃から感じていたのだが、選手の気質が今と昔とでは、まったく違っている。教える側の実績が重視されるようになったのだ。その指導者が選手時代にどれくらいの数字（成績）を残したのか、また指導者としてどれほどの手腕を持っているのか、教えられる側が強く意識している。つまり、選手時代にある程度の数字を残した指導者の教えは、そうでない指導者よりも正しいと思われる。教える立場にとっては、ものすごくやりづらい時代になった。

そうした流れの中で、教える側の人間も変わってきた。威厳を求めるためなのか、自分がやってきたことがすべて正しいから、おまえもこうやらなければダメなのだという、断定的な言い方で教える人が増えた。しかし、これとこれをやれば、必ずこういう結果が出るという教え方ができないのが野球だろう。もしかしたら、一般社会における仕事もそうした側面を持っているのかもしれない。

私が横浜キャンプで臨時コーチをしたことはすでに書いたが、実は現役の時も、引退してからも、キャンプにやって来る臨時コーチは一番無責任な仕事で、絶対にやってはならないものだと思っていた。当たり前だが、そのチームには打撃、守備などあらゆる分野にコーチがいる。最終的に選手の面倒を見るのは、そのコーチたちなのだ。

そこへ臨時コーチがやってきて指導すればどうなるか。チームが契約したコーチの指導方法でやっているところへ、例えば3日でも1週間でも、臨時に来た人間がまるきり違うことを言ってしまったら、残された選手が困る。彼らは、両方の顔色をうかがいながら野球をやらなければならない。そして、もし成績が悪ければ、悪いと言われるのは臨時コーチではなく、チームのコーチだ。ゆえに、臨時コーチほど無責任な仕事はない。

だが、私の現役引退後から、同じ新聞社で評論家として活動させていただいた森監督に頼まれたので断れなかった。森さんが監督をやるだろうという動きは、就任前から薄々感じてはいた。私は、冗談とも本音ともとれるしゃべり方で、森さんに「いつまでネット裏にいるんですか。いい話がくれば、さっさとユニフォームを着ればいいじゃないですか」とけしかけていた。

すると、何かの席で森さんから「俺が監督になったら、何日でもいいから手伝ってくれよ」と言われたので、私もつい「森さんが監督になって、俺に臨時コーチでバッティングを教えてくれと言うならいいですよ。何でも手伝いましょう」と返してしまったのだ。

森さんは、自分のチームのコーチを信用していないわけではない。新たに預かったチームをより強く、魅力のある集団にするために、選手はもちろん、自分を含めた指導者も勉強を積み重ねることが肝要だと考えている。そのためには、ともに戦っていく者同士の結束を固めるのと同時に、自分たちとは違う考え方を聞くのも大切だということで私を呼んだのである。

だから私も、私なりの考え方を話しに行った。ただし、前述したように無責任な形になり、選手が混乱してしまうことを避けるため、私が話をする時には常に、一軍打撃コーチの高木由一《よしかず》さんにそばにいてもらうことにした。

現役時代、高木コーチも私もそれなりの数字を残した。少なくとも、数字を残した人間の言葉のほうが受け取る側には新鮮に聞こえるし、これだけの実績を残した人が言うのだから、その通りにしなければならないのではと思うようになる。ここで、大変失礼な言い方になってしまうが、私の残した実績は高木コーチよりも数字では上である。だから、私が高木コーチの教えとまるきり違うことを言えば、「落合がこう言ったのだから、これが正しいのだろう」となってしまう。選手は、高木コーチと私のどちらを向いて話を聞けばよいのかわからなくなる。

しかし、私の考えているやり方は、ある選手にとっては合っているものかもしれないが、どの選手にも合うというわけではない。だから、私が自分の考え方だけを一方的に話して3日で帰ってしまった後、高木コーチが教えても「落合はこう言っていた。落合の言う通りにしないといけない」と感じ、高木コーチの言うことを聞かなくなる。そうなった時が困るのだ。だから、俺は、必ず高木コーチがいる時に、「こうじゃないのかな」という話の仕方しかできないのだ。

チーム全員が集まったところで挨拶をしてくれと言われたが、私の第一声は「こちらからは何も教えません。聞きたいことがあれば来てください」だった。相手が何を望んでいるのかがわからないうちは、こちらも何を話していいのかがわからない。質問されたことに関して、それなりの方法論を教えることはできても、「これをやりなさい」と、こちらからは言えない。だが、これが教える側にとっても、また教えられる者にとっても理想に近いコーチングのあり方なのではないかと考えている。

やり方を間違えないことが大前提。やり方さえわかれば、あとは突き詰めるだけ

何の能力も持たない人間、始めから可能性のない人間などいない。だからこそ、プロ野球選手にとっての練習――自分に力をつけるためのやり方を、決して間違えてもらいたくない。やり方さえわかれば、あとは目に見えて自分の中で良くなっていくのがわかるはずだ。それができれば、とことん突き詰めていけばいい。

プロ入り当時は明確な目標を持っていなかった私が、なぜ三冠王を三度も獲得できる打者になれたか。プロ野球とは、志の高くない人間が運だけでのし上がっていけるほど生やさしい世界ではない。ただ、数字が人間を大きくしていくことはある。数字が悪いと笑われる。数字を残さなければ評価されない。あとは、野球をやって生活していかなければならないという現実だ。今よりも良いところに住みたい、贅沢もしたい。それを実現するために、自分に対してどれだけハッパをかけられるかだ。

誰でも、それなりの能力があって入団する。練習のやり方さえうまくいけば、誰にでも

チャンスがある。私だって、眠る時間も惜しんで滅茶苦茶に練習したわけではない。自分に必要だと思う最低限のことをやっただけだと感じている。ただ、必要なことをやらないと、生き残れない世界であることだけは事実だ。

サラリーマンも同じだろう。入社試験など何らかの形で認められたからこそ、今の自分があるはずだ。ただし、その先の過程において成長できるかどうかは、正しいやり方でいかに他の人より多くの努力を積み重ねたか、ということによるのではないか。

確かに、最近の若い選手に比べれば、私は質量ともに練習は積んだだろう。それを見ていて「あいつの練習は、正気のさたじゃない」とか「我々にはちょっと想像もつかないことをやっている」と言った人もいたが、私は自分に必要だからやっただけで、ほかの人が何と言おうと関係ないと思っていた。

実際、私よりも長い時間、必死に練習した選手もいただろう。ところが、結果が伴わなかった。結果が伴わなかった人は「練習をしなかった」と表現されてしまうが、実際にはかなり練習をした人も多かったと思う。今にして思えば、私より素質や潜在能力の高かった選手はたくさんいたはずだ。ただ、その人の練習方法のどこかに欠点や間違いがあったから、第一線に出てこられなかったのだと思っている。

自分の中で何かを突き詰めている時は、3時間、4時間とやっても時間の感覚がなくなり、終わった時に「何だ、もうこんな時間になっていたのか」となる。一方、やり方を知らない人が何かに取り組む時は、1時間ですら長く感じてしまう。

もし私の身長があと5～6センチ高ければ、ここまで頭を使って野球をすることはなかっただろう。体格の小さい選手が大きいヤツに勝ちたいと思えば、頭を使って考えなければしようがない。自分の体をいかにうまくコントロールしてフルに使うかだ。体格が豊かでパワーのある選手は、そこまでやらなくても速いボールを投げたり、打球を遠くへ飛ばすことができる。だが、最終的にどちらが高い数字を残せるかはわからない。

イチローが、メジャー・リーグでもいい数字を残していることがいい例だ。彼の体格は、日本でさえ目立つほど大きくはない。だが、自分の野球を技術的にも精神的にも高めることに腐心し、満を持してアメリカへ渡った。

メジャー・リーガーがまったく頭を使っていないとは言わないが、どちらかといえば素質重視、パワーとパワーをぶつけ合う野球をしている。そうした世界に飛び込んでも、頭を使った野球で互角以上に渡り合っていくことはできる。イチローの活躍は、彼自身の能力の高さを示しただけでなく、野球を突き詰めた選手なら、どんな環境でも実力を発揮できることも証明したと言えよう。若いサラリーマン諸君も、一般社会においてイチローのようになっていくことは可能なのだ。そのためには、自分に力をつけるやり方を間違えないことだ。

ひとつのことしかできない不器用な人間は、突き詰めて身につけたことを簡単には忘れない。一方、器用な人はどんどん次のステップへ進んでいくから、身につけたことを忘れてしまう場合もある。だが、たとえ忘れても体が覚えていてくれる。最も厄介なのは、言葉は悪いが、感覚や時の勢いだけで物事に取り組む人だ。そんな勢いは決して長続きしないことを覚えていてほしい。

本当に部下を育てたければ、一回の失敗までは許そう

指導者は、負けること、失敗することから獲得できる財産が多いことも忘れてはいけない。

福岡ダイエー・ホークスに、斉藤和巳という本格派の投手がいる。96年にドラフト1位で入団したのだが、ファームでは完璧な投球をするものの、一軍で投げるとなかなか力が出せない。昨年は公式戦で5勝を挙げ、日本シリーズでも登板の機会を与えられたが、まだ一軍とファーム（二軍）を行ったり来たりしている。

こういう選手は、実力的にはファームのレベルではないから、結果が出ないからといってファームに落としてもダメだ。どうやったら実力を発揮できるのかを考えるのが指導者の仕事であり、自分のチームで伸び悩むようなら、トレードなどで環境を変えてやるしかない。

しかし、プロ野球界では、移籍先のチームで活躍すると「前のチームの指導者は、見る

目がなかった」と言われてしまう。これを恐れて飼い殺しにされる選手は多いが、その選手のことを考えれば、環境を変えるしかなかったのだから仕方がない。むしろトレードは、そうした大きな考えのもとで、どんどんやればいい。一般社会においても、環境を少し変えるだけで大化けする社員はたくさんいるはずだ。

さて、一軍とファームを行ったり来たりする選手は、なぜ伸び悩んでしまうことが多いのか。それは、一回の失敗を許してもらえないからだろう。本当にその選手を育てたいと思ったら、「負けるなら負けてもいい。この試合はおまえに任せた」と言ってやるのが大切だ。「ここで負けたらファームへ落とされてしまう」と切羽詰まった気持ちで投げるのと、「結果を気にせず、自分の力を精いっぱい出そう」と思って投げるのでは、おのずと結果も変わってくるものだ。

長嶋茂雄さんが、75年に初めて巨人の監督を務めた時、球団史上初の最下位に転落したことを覚えている方は多いだろう。この時の長嶋さんは、新浦壽夫さんという左投手を負けても負けても使い続けた。この年の新浦さんは、37試合に登板して2勝11敗という成績だった。ところが、この経験が実になったのだろう。翌年からは2ケタ勝利は当たり前のエース格に変身し、4年間で合計52勝をマークしている。新浦さんは、負けることによって大切な何かを学んだわけだ。このように、いわゆる一軍半の選手に最も必要なのは経験なのである。

また、指導者は、そうやって育てようとしている選手のメンタリティを的確に把握しておくことも必要だ。指導者が、何回かのチャンスを与えようとするのはいい。だが、チャンスは何度ももらえるという気持ちで取り組む選手は伸びない。厳しいかもしれないが、失敗が許されるのは一回だけだ。

一軍半の選手が一軍に昇格したものの、チャンスを与えられずにファームへ逆戻りすることはよくある。この時に「俺は一度も打席に立たなかった」とか「投げるチャンスをくれなかった」と嘆く選手がいるが、チャンスは過去にも何度かあったはずなのだ。

たまたまレギュラーが故障して、言葉は悪いが人数合わせのために昇格しただけなのに、自分が戦力として抜擢されたと勘違いしているほど惨めなことはない。チャンスをものにできなかった選手が、そうした使われ方をするのは仕方のないことだ。だから、そういう思いをしないためにも、選手は「失敗が許されるのは一回まで」という自覚を持ち、チャンスを確実にものにできる準備をしておきたい。

欠点を直すこと。それは良い部分が失われることでもある

打撃技術というものは、数学の公式のようにマイナスの要素とマイナスの要素とを掛け合わせればプラスになるとか、あるいはこの欠点を直せばもっと良くなるという、単純なものではない。人間の性格や適性もそうだろう。

もちろん、欠点を二つ持っているのだが、それがうまく補い合って、最終的にはいい形で打っている選手もいる。反対に、矯正すべき欠点が見当たらないのに、全体としては崩れたフォームで打っている選手もいる。また、指導者が「この打ち方ではダメだ」と言って直したがために、確かに欠点は矯正されたが、いい部分までなくなってしまう場合もある。

横浜キャンプでは、多村のほかに石井義人という5年目の内野手と、田中一徳という2年目の外野手の指導もした。なぜ、私はこの三人を指導することになったか。森監督に頼まれたからでも、私自身が注目していたからでもない。たまたま近くにいたからである。

だから、三人がどんな選手であるかという簡単な知識こそあれ、正確な年齢や実績、技術的な細かい部分についてはまったくわからなかった。

では、もうひとつ。なぜ、石井琢朗や鈴木尚典といった、チームを背負う主力選手には指導をしなかったのか。それは、レギュラークラスの選手を教えることには、大きなリスクが伴うからだ。

もちろん、石井琢にしても鈴木尚にしても、私のところに質問に来れば「こういう練習の仕方もあるから、やってみろ」とアドバイスはした。だが、技術的なものを教えることはしなかった。

打率が1割～2割の選手を、2割8分～3割くらい打てるように取り組むことは楽だ。なぜなら、現状でダメなのだから、何かに取り組んでダメでも諦めがつく。言葉は悪いが、選手としてつぶしてしまっても許されるし、本人も納得するからだ。

だが、石井琢や鈴木尚のような主力はつぶせない。打ち方を教えたり、小さな欠点を矯正したりすれば、打率が3割5分まで伸びる可能性もあるが、一方では2割5分まで落ちていく可能性もある。この打ち方を身につければ、必ずこれだけは打てるという保証がない。だから冒険はできないのだ。

ゆえに、数字を残している選手、実績のある選手にはまるで手がつけられないのだ。横浜での臨時コーチを含め、私が選手の指導に気が進まない理由はここにある。

フォームの全体像を見ながら、ここも悪い、ここも悪い、と部分的な指摘をしていくことは簡単だ。だが、その悪いもの同士がうまく補い合って良い形になっている場合は、悪いとわかっていても直す必要はないだろう。その選手の悪い部分だけを直して良くしようとしても、最終的な形が崩れてしまったらどうしようもない。難しいところだ。

打撃指導における微妙なニュアンスは、企業における人材評価にも似ている気がする。講演での質疑応答でも、しばしば聞かれる。こんな欠点とこんな欠点があって、箸にも棒にもかからない社員をどうしていけばいいか。実際にそういう人間もいるだろう。

だが、考えてみていただきたい。すべてにおいてパーフェクトな人間などいるわけがない。その人に合う部署は必ずあるはずだ。

人間を部分的に見て評価してはいけない。いくつかの欠点があっても、最終的にそれらが補われていればいいのではないか。「私は低血圧なので」と、平然と言い放つ遅刻常習者だが、出勤してくれば楽しそうに馬力を出して仕事に専念する社員。営業に同行させても、商談相手の顔を見て話すことさえできない内向的な性格だが、パソコンに向かえば喜々としてデータ処理に励む社員。箸にも棒にもかからないと言われるダメ社員でも、これだけは人に負けないというものがあれば、それを生かしてやるしかない。

とかく、ダメな部分のほうが目につきやすいので、つい「ダメだ、ダメだ」と言ってしまう。反対に、良い部分はなかなか目につかない。その世界で一流になるためには、いくつかの道があると思う。だが、どの道でも共通していることは、「欠点を矯正するよりも、長所を伸ばすことが近道」という定理ではないだろうか。

プロ野球界でも、同じような例がある。〝助っ人〟と呼ばれる外国人選手に対する評価だ。そもそも、外国人選手のことをなぜ〝助っ人〟と呼ぶのか。日本人選手にはできない働きを期待するからだ。スラッガーのいないチームなら本塁打を量産することを、先発投手の駒が足りないチームなら、中５日程度の登板間隔で10勝以上してくれることを期待し、高い年俸を払って連れてくる。

ところが、40本塁打を放っても三振が１００を超えるような選手については、「来年の契約はどうしようか」ということになる。期待通りに40本塁打したことを評価するのではなく、１００以上喫してしまった三振が問題になってしまうのだ。

私が中日時代に本塁打王を競い合ったラリー・パリッシュという右の大砲は、89年にヤクルトで42本塁打を放ってタイトルを獲得した。40本塁打の私がタイトルを逃した憎きライバルである。だが、打率や守備に問題ありとしてその年限りで解雇されると、翌年は阪神が契約した。阪神でも本塁打を順調に積み重ねていたが、その他の部分が物足りないと言われると、ホームランダービーでトップに立ったまま、シーズン途中で帰国してしまった。ちなみに、この年の本塁打王は私がいただいた。

日本の球団の外国人選手に対する評価は、総じてこの傾向にある。そして、その流れは力をつけてきた若い選手にも向けられる。

例えば、前年に一軍に定着した選手が、今年は30本塁打を放ってレギュラーの座を手に入れたとする。翌年は本塁打数が35本に伸び、いよいよタイトルも狙える位置にきた。ところが、その次の年の春季キャンプでは、首脳陣から「長打力はいいが、2割台の打率と100三振が大きな課題」などと言われたりする。「おまえのセールスポイントはホームランだから、今年は絶対に40本を打て。その他のことは、他の選手の仕事だ」と言える指導者は少ない。

そうした指導者たちだって、現役時代にパーフェクトな選手だったわけではない。むしろ、同じようなことを首脳陣から言われ、憤りを感じた経験を持っている人が大半だ。それなのに、自分が上の立場になるとそんな経験をすっかり忘れ、良い部分を伸ばそうとするのではなく、物足りない部分を直そうと必死になる。こんな組織や人間に、残念ながら進歩は望めないのではないか。

監督は〝勝つこと〟、選手は〝自分のこと〟だけを考えろ

プロ野球チームという組織は、監督の指揮のもとで選手たちがプレーし、優勝という目標を目指している。この組織においては、監督の方針は絶対である。だが、監督も選手も球団と契約を結んでユニフォームを着ているわけだから、まず自分自身に与えられた役割を全うしなければならない。

では、その役割とは何か。選手は、ゲームの中で自分をどれだけ生かしていくか、一方の監督は、選手が生かしてくれた力を、どうやって束ねていって勝ちに結びつけるかということだ。

だから選手は、１打席でも多く打席に立つこと、あるいは１球でも多くマウンドで投げることだけを目指せばいい。その中で、より正確なプレーを求め、いかにして自分を良い方向に持っていくかを考える。つまり、選手は自分のことさえ考えていればいい。同じように考えれば、監督は勝つことだけを考えればいい。こうした役割がはっきりしていれば、

あとは全員で目標を目指して前進するだけだ。難しいことは何もないだろう。

だが、プロ野球界においては、日本よりもアメリカのほうが〝自分の役割〟という意識は強く持っているように感じている。

メジャー・リーグで、カナダに本拠地を置くトロント・ブルージェイズという球団がある。このブルージェイズは、92、93年とワールド・シリーズで二連覇を果たした。その戦いの中で、〝自分の役割〟について考える時に、とても参考になる場面があった。

92年の四番打者は、デーブ・ウィンフィールドという選手だった。73年のサンディエゴ・パドレスを振り出しに、ニューヨーク・ヤンキース、カリフォルニア（現アナハイム）・エンゼルスと渡り歩き、当時はメジャー20年目のベテラン。結局、95年までプレーして通算3110安打を放ち、今年は50歳の若さで野球殿堂入りした名選手である。

だが、このウィンフィールドにはひとつだけ欠点があった。ワールド・シリーズではまったく打てないのである。初めて出場した81年に22打数1安打と精彩を欠き、この年も第1戦からたまにシングルヒットを打つ程度。すると、シト・ガストン監督は、チャンスでウィンフィールドが打席に立つと、送りバントを命じたのである。

ところで、メジャー・リーグでは、送りバントで走者を次の塁に進めるという戦法をあまりとらない。さらに、四番打者に送りバントを命じる場面などまず見られない。なぜなら、四番打者を自由に打たせたほうが、チームが勝つ確率が高いと考えているからである。

それでも、ガストン監督は何のためらいもなく送りバントのサインを出した。そして、ウィンフィールドも何のためらいもなくバントをした。この作戦が得点に結びついたかどうかは覚えていないが、ブルージェイズは第6戦まで戦って世界一の座に就いた。最後の勝利を決めたのは、ウィンフィールドの2点タイムリー二塁打だった。

ガストン監督は勝つために送りバントのサインを出し、ウィンフィールドは自分にできる仕事に徹して送りバントを決める。そうした積み重ねが、世界一という最高の結果をもたらす。まさに、これが私の言う〝自分の役割〟に徹して最高の結果をつかむということだ。

さて、同じような場面が日本のプロ野球であったら、監督はどういう采配をするだろうか。私が監督でも、やはり送りバントをさせる。しかし、大半の監督は四番打者に打たせるだろう。そこには、もし四番打者に送りバントをさせて勝利に結びつかなかったら、ファンやメディアから「なぜ四番打者に送りバントなんだ」と責められてしまう、という要素もある。

だが、件《くだん》のブルージェイズの場合は、サインを出した監督にも、それを遂行した選手にも、「ここは送りバントだろう」という考えがあった。そこで両者の考えが一致したので、きちんと作戦を遂行し、最終的にはワールド・チャンピオンという最高の結果を出せたのだ。

これは完璧にビジネスで、「勝つためにはこれが必要なのだ」という意思決定を監督が行った。また、四番打者がそれをしっかりと理解できる選手だった。もし、四番打者が「なぜ自分に送りバントなんだ」と考えたら、絶対に作戦は成功しないし、そんなチームはワールド・チャンピオンにはなれなかっただろう。

監督の作戦を聞かされた選手が、なぜその作戦が必要なのかを考えられて、自分の頭の中で整理した上で実行するから、初めて良い仕事ができる。監督は、常にチームが勝つために采配を振るっている。選手は、その采配に忠実に従った上で、自分のベスト・パフォーマンスを発揮する。これが、〝自分の役割〟に徹することであり、組織が目標を達成するための近道なのだ。

最も優秀なコーチこそ、一軍ではなくファームに置きたい

若手を育てるために必要なことは何か。精神的なモチベーションを高めさせることである。そのためには、目の前にニンジンをぶら下げてやる。

もし、私がどこかの球団から監督就任の要請を受けたとしたら、受諾するための条件がいくつかある。そのうちのひとつに、優秀なコーチをファームに置いてほしいという考えがある。これも私の持論だが、若手や成長途上の選手指導は、腕の良いコーチに任せるに限る。

一軍は戦う集団だから、投手コーチ、打撃コーチ、守備コーチ、走塁コーチを置いて、あとはノッカーや打撃投手など、練習を手伝ってくれるスタッフさえいればいい。コーチの仕事だって、主たるものは技術指導ではなく、いかに選手たちに気持ちよくプレーしてもらうかの環境つくりだ。しかし、ファームは選手を教えて育てなければならない組織だから、その組織を効果的に稼動させるためには、能力の高いコーチを数多く置いておきた

い。

ファームのコーチは、現役時代の名声よりも、指導者としての実績を重視する。そして、人間を育てることに強い責任感があり、愛情を持って人と接することのできるような人がいい。そんな人たちに、投手と野手を年に一人か二人、確実に戦力として一軍に上げてもらう。ファームにもイースタン、ウエスタンというリーグ戦があるが、その成績云々よりも、一軍で活躍できる選手を育ててもらうのだ。最重要選手を徹底的に教え込んでくれる人も必要だろう。

ファームで教えるのは、正しい練習方法や技術だ。正しい練習方法は共通のものだから、その選手に合うのかどうか判断する目を持ち、自分からの一方通行にならないように教えてもらう。言葉で教えるためには、いろいろなノウハウが必要だ。選手を育てるには時間の制約もある。間違った方法で指導され、今度はそのコーチに対して「こういう方法でやってくれ」と教えなくてはならないようでは困る。

だから、ファームのコーチは様々なことを吸収する意欲のある人でなければ困る。そして、右打者、左打者、右投手、左投手にそれぞれ専門のコーチを置き、さらに打者を束ねるバッティング・コーチ、投手を束ねるピッチング・コーチを一人ずつ置く。そう考えるとコーチの人数は増えるが、一人の人間を育てるためには、それだけ力のある人が必要だ。

ゆえに、ファームのコーチの年俸は、一軍コーチのそれよりも高くていいだろう。仕事を受ける人も「俺は一軍ではなく、ファームのコーチなのか」という卑屈な考えだけは捨ててもらいたい。現在のプロ野球界には、一軍コーチのほうが格上だという認識がある。メディアも一軍からファームへ異動したコーチがいると、「降格人事」などと報じる。だが、これは間違った考え方だ。

私は、本当の意味でのプロ野球選手とは、一軍に定着して活躍している者だけを指すと思っている。だが、指導者に関しては、一軍であろうとファームであろうと格の違いなどない。そもそも仕事の内容も違うのだから、比べようがないのだ。これからは、ファームのコーチに対する見方や待遇も考え直していくべきだと考えている。

プロ野球界で言えば、これだけ頑張って一軍に上がり、そこでこれだけの数字を残せば、こんなに多くの年俸が手にできる。そうすれば、こんな贅沢な暮らしができるのだ、ということを何度も言ってやる。そういう可能性が自分にもあることを理解できれば、野球に取り組む姿勢も変わってくるものだ。

そんな脈のある選手に出会ったら、いかにしてチームの主軸を担う選手に育てていくかを考える。ただ、選手には早咲き、遅咲きと二つのタイプがあるから、指導者間でしっかりとした話し合いを持ち、その選手の指導方針は統一しておきたい。例えば、1年目は練習漬けにさせて、2年目はファームの試合で実戦経験を積ませる。そして、3～4年目に一軍へ上げたら、何とか定着できるようにする。そういう選手を毎年一人か二人ほどつくり上げれば、チームの戦力も厚くなっていくはずだ。

そこでは、球団フロントとのギャップが必ず出てくる。甲子園を沸かせたり、大学や社会人で名を上げたような選手には高い契約金を払っている。そこで、何とか元を取りたくて、「早く一軍に上げてほしい」と考えているからだ。しかし、実力の足りない選手を無理やり一軍に上げて、豊かな可能性をつぶしてしまう必要はない。時には、コーチが防波堤にもなってやらなければならないのだ。

第二章

指導者とは何か

——成果主義時代の今まさに必要とされる、真のコーチ像

長嶋監督もマイナス思考。最初からプラス思考では、良い指導者になれない

良い指導者になるためには、ひとつの条件がある。意外に思えるかもしれないが、最初からプラス思考の人間は、決して良い指導者にはなれない。良い指導者と呼ばれる人たちは、はじめはマイナス思考で最悪の結果を想定し、そうならないような計画を立ててから組織や集団を動かす。そして、全体の流れが軌道に乗ってきたと見るや、プラス思考に転じて攻めていく。

ところが、最初からプラス思考の人は、動けば必ずこういう結果になるはずだと考えて、いけいけドンドンで前進してしまう。行く手には、幾多の困難が待ち構えていることなど忘れて……。

プラス思考かマイナス思考か、人間を二つのタイプに分類してしまっているのは、メディアの責任も大きいだろう。だが、この二つをともに考えられて初めて、良い指導者になれるのだと思う。

プラス思考だけの人間は、壁に当たったり、少し状態が悪くなると、「どうしよう、どうしよう」と浮足立って悩んでしまう。だが、一番底の底が想定できていれば、あとは上昇気流に乗って、多少の壁にぶち当たっても上がっていけるだろうとイメージできているはずだ。

プロ野球の監督には、プラス思考だけの人間はいないのだろうか。俗にプラス思考が強いと言われる人はいても、本質はまったく違う。采配やテレビ中継に映った時の表情などを見れば、森さんや野村克也さんがマイナス思考の強い人だということは、納得していただけると思う。

では、長嶋茂雄さんはどうか。ファンの笑顔を喜びにし、自らも明るくチームを率いている人のどこがマイナス思考なのか、と思われる方も多いだろう。だが、長嶋さんはマイナス思考の強い部類に入る。森さんや野村さんにも負けないくらいのマイナス思考だ。そんな長嶋さんの考え方を顕著に示しているのが、現在の巨人のメンバー構成である。

ドラフト、トレード、フリー・エージェントと、選手を獲得できるあらゆる場面に全力投球し、能力の高い選手を集めまくる。そんな方針はプロ野球をダメにするとか、夢がないなどと批判もされているが、次から次へと選手を補強しても心配でしょうがないのだ。しかし、これが組織の長たる者の本音の部分なのではないか。

何事も、こうすれば必ず良い結果が導き出せるなどということは、絶対にあり得ないと言えるだろう。ただ、組織の上に立つ者は、そうしたマイナスの部分を他人に打ち明けたり、感じさせたりすることは絶対に許されない。自らはマイナス思考の塊となりながら、組織の前面にはプラス思考だけを出していく。

また、マイナス思考が強ければ、良いことばかり続いても「おかしいな、おかしいな」と慎重なままでいられる。そして、いざ状態が悪くなった時でも、「ここまでは計算づくでやっているのだ」と考えられて、オタオタすることもない。

一番悪いのは、プロ野球に例えれば「この戦力なのだから、うちはAクラス（3位以内）を狙う」などと言う指導者だ。そんな指導者は、ユニフォームを着る資格などない。ファンやメディアからどんなにバカにされようが、現実的には無理だとわかっていようが、「うちは優勝を狙います。それだけの戦力はある」と外に対して言えるのが、真の指導者なのだ。

監督がAクラスに入ればいいと考えているようなチームは、間違っても優勝などできるわけがない。自分の腹の中では「優勝できるかも」と思っているのに、謙遜して「Aクラスでいい」などと言うのは、組織全体の雰囲気を停滞させることはあっても、活性化させることはない。

監督が予防線を張り、謙虚に振る舞っていては選手も動かない。虚勢を張らなければならない場面では張り、部下の尻を叩くところは叩く。そんな指導者のいる組織には、活気がみなぎるはずだ。謙虚さが美徳の時代は終わったのだ。

もちろん、虚勢を張るか謙虚にいくかは、立場によって違ってくる。監督は虚勢を張ってもいいが、選手や現場の人間は謙虚さが必要だろう。

ホームランを打った際、「あんなボールを投げているピッチャーは、プロでは通用しませんよ。また投げてくれれば、ナンボでも打ちますよ」と言えば、次の対戦からはそのピッチャーも必死に考えてくるので、打てなくなる可能性も大きい。そこは謙虚に「いやぁ、難しい球だった。打てたのは100回、いや1000回に1回のまぐれですよ。たまたま失投が来たので、うまく打てました」と言って、打たれたピッチャーの気分を悪くしないでおく程度でいいのだ。お客様は、あくまでもお客様にしておくのが得策だ。

あくまでも主体は選手。相手の感覚でしか物事は進められない

野球は、その戦略性から将棋やチェスに似ていると言われることがある。指揮官が駒を動かして相手を攻める。指揮官はもちろん監督、駒は選手だ。確かにそういう側面はあるが、将棋と野球には大きな違いがある。

将棋の駒には、飛車なら前後左右、角行なら斜めと決まった役割が与えられている。棋士は、そのルールに基づいて駒を動かす。野球選手にも役割はあるが、その選手自身も「こうプレーしたい」という意志を持っている。監督は、システマティックに選手を動かすのではなく、その選手の持つ考えも頭に入れて動かさなければならないのだ。

ゆえに、監督と選手の間にはコミュニケーションが必要であり、同時に最も大切なことになる。監督と選手、上司と部下、教える側と教えられる側、この人間同士のコミュニケーションをいかに円滑に、かつ効果的に行うかが、コーチングにおける初歩の段階で考えなければいけないことだし、同時に応用段階でも一番難しいテーマになるだろう。

そこで、まず理解しておかなければならないのは、コミュニケーションの主体は選手、部下、教えられる側ということだ。野球でも仕事でも、実際にやっていくのは選手や部下なのである。ならば、その選手や部下が教えられたことを理解して実行しようとしなければ、すべての物事は前に進まなくなるのだ。

横浜キャンプでの体験を書いておこう。私は、最初から手取り足取りでの指導はしなかったと書いた。何本か打たせて「ちょっと、こうやって打ってみてくれる?」と言い、またしばらく見て、「やっぱり違うかな。悪いけど、今度はこういうふうに打ってみて」と言葉をかけた。それでも、どこかしっくりこないと思えば「それじゃ、今度はこういう形でやってみて」と言った。それで「どう?」と聞いて、選手が「こっちのほうがやりやすい」と言えば、「そうか。それじゃ、その打ち方でやってみよう」という感じだ。

選手が「ちょっとおかしいな」と思っているのに、私が「それでいい」と言ってやらせるのと違って、選手と私がコミュニケーションを取りながらスイングの形を作っていく。あくまでも主体は選手。私の感覚ではなく、選手の感覚でしか物事は進めていけない。

そして最後に、「自分が納得できるスイングで10球打って終わろう」と言った。すると選手は、「1本」、「2本」と言う度に私の顔を見る。自分が良いと思っていても、果たしてそれが本当に正しいのかどうかという不安があり、その不安を取り除いてもらいたいから私の顔を見るわけだ。これは、学校で「はい」と言って手を挙げて答えた後に、「これでいいのかな」と思って先生の顔を見て、「はい、いいですよ」と言われ、安心して席に座った体験と同じだ。

そこで私が「今のは1本にならないぞ」と言えば、主体は私に戻ってしまい、次の1本がなかなか出てこなくなる。だから「おまえが1本だと思うなら、それでいい」と言った。これは心理学的な要素もあると思うが、自分の判断に任されると、「よし」とするハードルを高くする。「せっかく落合さんに教えてもらったのに、こんなスイングで『よし』としたら恥ずかしい」と思ったりするからだ。

そうして、自分を認めるハードルを上げての10球は選手自身を成長させるし、それ以後の指導者の言葉にも耳を傾けるようになる。お互いにいいものを作り上げていこうという意志で結ばれたコミュニケーションが成立するのだ。

そういう関係を築けば、たとえ同じ内容の話をしていても、信頼している指導者の言葉のほうが吸収率、達成率ともに高くなる。ここが最も重要だ。言葉は悪いが、それほどたいしたことは言っていなくても、受け取る側が勝手によく理解してくれる。こうなれば、指導者は楽だ。ひとつのことを言った時、文字通りひとつのことしか伝わらないのではなくて、いろいろな方向から指導内容を考えてくれる。これが、育ってほしいと願う指導者とうまくなりたいという選手のハーモニーとなる。

私のコーチング論は私なりのものだと思うが、相手に物事を教える、あるいは学ばせる際の基本は、野球でも仕事でも変わらないだろう。コーチングとは、教えられる側を主体に考えなければ進められないのである。

名指導者とは部下に恵まれてこそ

プロ野球界には、「名監督」と呼ばれる人が何人かいる。その人たちの共通点は何か。卓越した指導力か、人心掌握術か、それとも野球の監督としての戦術眼か。無論、そうした能力を備えていたのも事実だろうが、私は「優秀な選手に恵まれたこと」だと思う。

会社でも同じだろう。優秀な部下に恵まれれば、上司は良い思いができる。そのことを理解している上司に恵まれれば、部下も良い思いをする。この相互関係が大切なのだ。一方、どんなに多くの能力を備えた監督でも、優秀な選手に恵まれなければ勝つことなどできない。

ところが、プロ野球界、いやスポーツ界全体に言えることだろうが、最近では選手よりも監督の存在のほうが前面に出てしまっている。一番良い例がメディアの扱い方だ。「巨人の長嶋監督」ではなく、「長嶋・巨人」、「野村・阪神」、「王・ダイエー」……サッカーでは「トルシエ・ジャパン」と、監督の名前が先にきて、球団の名前が後に続くという不思議な現象を呈している。

だが、チームの優勝がそうであるように、世間から認知される成果や業績を実際に挙げるのは選手であり部下だ。指導者の功績は、その選手に気分良く仕事をさせたこと、あるいはそこまでの選手に育て上げたことである。自分の存在がクローズアップされることに満足し、肝心の選手にそっぽを向かれたら、監督などにっちもさっちもいかなくなる。プロ野球界では、そんな監督のクビはあっという間にすげ替えられるが、一般社会ではそこまでドラスティックな人事はないだろう。そんな上司がいても我慢してつき合っているサラリーマンは、まだ上司を大切にしている、と言えるかもしれない。

いずれにせよ、上司を育てるのも部下を育てるのも、お互いの「信頼関係」だ。それが崩れたら成り立たない。だからといって、おべんちゃらを言えというわけではない。いいものはいい、悪いものは悪いとはっきり言えるかどうか。しかも、その言葉が本人に向かっているかどうか。すべての自分の振る舞いは、必ず自分のところへ戻ってくる。そのことが理解できれば、上司と部下の信頼関係は築けるはずだ。

王貞治さんを大打者に育てたのは、巨人の打撃コーチだった荒川博さんだと言われているが、ヒントを与えたのは荒川さんでも、それを実行したのは王さん自身だ。どんなにいいヒントをもらっても、それを実行しなければ成果は挙がってこない。ヒントを与えた荒川さんもすごいが、王さんがそれを自分のものにして、なおかつ荒川さんが教えなかったことまで勉強していったから、868本塁打をはじめ突き抜けた数字を残せたはずだ。荒川さんが教えたことだけをやっていたら、〝世界の王〟など生まれていないだろう。

このように、一流までの道は選手自身が切り開いたものであり、指導者はあくまでもそのサポート役だ。それなのに「あの選手は俺が育てた」と言ってしまう指導者が、プロ野球界でも後を絶たない。一流になった選手が「今の自分があるのは○○さんのおかげ」と言うのはいいが、指導者が過去の実績（厳密に言えば、指導者自身が自分の実績だと思っていること）にしがみついていては、その後に指導される選手はいい迷惑だし、的確な指導も期待できない。一流になった選手の時と同じ指導を試み、成長しなければ「おまえには素質がない」などと言ってしまうのが関の山だ。

私が山内さんに〝見ているだけ〟のコーチングで育てられたことは書いたが、山内さんはそれを第三者に、自分の手柄として話したことは一度もないはずだ。なぜなら、私が一流への壁を突破できると感じた時点で、山内さんの興味はもう次の選手に向いているからだ。本当に良い指導者は、過去の実績を自慢している暇もないのだ。常に熱意を持って部下の指導に当たり、その部下が巣立っていったら、すぐに次の指導を始めている。

そして、この積み重ねが、指導者と選手の間に「信頼関係」を築いていく。一般社会でも、良い仕事をして業績を挙げるためには、良い部下に恵まれてこそだと考えたい。

「発言、行動に責任を持てる部下」を育てよう

息子が小学校に通っていた頃、私はその小学校でＰＴＡ会長を務めた。私をサポートしてくれる役員は、母親ばかり14人だったが、最初の挨拶の際にこう言っておいた。

「何事も、みなさんで考えて進めてください。ただし、最終的な責任は私がとりますから」

1年の任期は無事に終わったが、最後にその14人すべてが「落合さんがそう言ってくれたので、非常にやりやすかった」と言ってくれた。組織の長がしっかり責任を取ることを明言しておけば、部下は仕事をしやすいだろう。そういう環境をつくった上で、自分の発言や行動に責任を持てる部下を育てたい。


すべての責任が監督にあり、チームの成績が悪ければ監督のクビが飛ぶ――つまり、責任の所在がはっきりしているプロ野球界では、指導者が代わっても自分の野球は変わらないはずだから、選手は監督やコーチの顔色をうかがいながらプレーする必要はない。ある程度までは我を通さなければいけないし、精神的にフラフラしていてはダメだ。そのため

には、心身両面において確固たるスタイルを身につけておかなければならない。そうすれば、たとえトレードになって12球団のうちどのチームへ移っても、それまでと変わらずにプレーしていける。若い選手には、こうしたことを教えておく必要がある。

ところが、中には自分自身ではなく、首脳陣のほうを向いて野球をしている選手がいる。そんな選手は、首脳陣が代わった途端にどうやってプレーしていけばいいのかがわからなくなって、自分というものを見失ってしまう。

コーチから「バットを短く持て」と言われ、何も考えずにバットを短く持ってしまうような選手は、ある時期は指導者にとって使いやすい存在だ。しかし、その指導者がやめて別の人間が来たら、自分にはアピールしていくものが何もないことに気づかされる。そんな選手は、あっという間に使いづらい存在となり、引退の時期を早めてしまう。

だからこそ、指導者は選手から能動性を引き出し、自分の野球に自分自身で責任を持てる選手に仕向けておくことが肝要だ。そのためには、練習の時から〝自分で考える習慣〟を身につけさせたい。

例えば、翌日に試合を控えた選手に「今日は、バットスイングを100本やっておこう」と指導するのではなく、「今日のバットスイングは、何本くらいしておけばいいか」という問いかけにしたい。それで選手が「今日は100本くらい振っておきます」と言えば、その練習を見守ってやればいいし、「今日は疲れているので休みます」と言えば、それを受け入れるのだ。

果たして、その選手が翌日の試合で打てなくても、それはバットを振らなかった自分の責任であると自覚できる。そして、試合の前日にはどれくらいの練習をすればいいのかを考えるようになる。一方、指導者の方針で100本振って打てなかった場合、選手は「昨日は疲れていたのに、無理してバットを振ったから打てないんだ」と言い訳にしたり、「言われた通りに100本振ったのに、なぜ自分は打てないんだ」と悩んでしまう。こんな受け身の姿勢では、いつまでも自立することはできない。

また、必死に野球を考え、自分のスタイルを築いたからといって、首脳陣をバカにするような態度を見せた選手に対しては、きっちりと釘を刺しておかなければならない。いくら首脳陣より自分のほうが野球を知っていると感じても、首脳陣をバカにすれば人間的に疑われる。

一般社会でも「この上司は、何も知らないのに偉そうにしやがって」という態度の部下は案外多いのではないか。だが、仕事において最終的な責任を取っているのは、その上司なのだ。部下が一人では責任を負い切れない。だからこそ上司とは、自分にとって最高の味方であることをしっかりと理解させておきたい。

私は今、野球評論家という肩書のもとに試合の解説などを仕事にしている。どこかのチームに所属しているわけではないから、組織の一員としての責任は何もない。だから、一番好き勝手なことを言っていられる。自分の仕事ぶりが数字で評価されるわけではないし、自分が口にしたこと以外で責任を取らされることもない。社会全体で見れば、楽な部署で仕事をしているという実感がある。

だが、自分が言葉や文字にすることには、人一倍の責任を持っているつもりだ。世間の人は、野球に関して私が何を言っても、「落合が言っているから、そうなのかな?」と、変に納得してくれるところがあるからだ。だから、へたなことは話せない、言葉には慎重にならなければいけないと胆に銘じている。これも、自分のやっていく仕事の責任は自分自身にあるということを明確にしているのだ。

第二章

選手（部下）をダメにする言葉の「悪送球」

――上司失格。若き才能や可能性の芽をつむ禁句《タブー》集

「そんなことは常識だ」と言う前に、納得できる理由を示せ

物事の考え方や取り組み方には、実際の理由はわからないのに「そんなことは常識だ」というひと言で片づられているものが多々ある。「そんなことは常識だ」が口ぐせの人に、「なぜ？」と聞いても、その理由を理路整然と答えられる人はいない。

野球の指導では、「ボールは両手で捕りなさい」と言われている。では、なぜ両手で捕らなければならないか。それを「野球の常識だ」という言葉だけで終わらせるのではなく、理由をきちんと説明して納得させることができれば、どんな選手にも正しくやらせることができる。

それを「野球の常識だ」とだけ言われたら、選手は納得できるだろうか。「ボールは両手で捕るのが常識だ」と教えても、その常識は、一体いつ誰が決めたのか。現実的には、片手で捕りにいったほうが確実性の高い場合もあるのだ。余談になるが、「野球の常識だから両手で捕れ」と教える指導者に限って、選手が両手で捕ろうとしてエラーをすると、

「なぜ無理して両手で捕りにいくんだ。臨機応変にやれ」などと言う。要するに「常識」とは、便利で勝手なものなのだ。

メディア批判をするわけではないが、テレビ番組や新聞でも「日常使っている言葉だから、理解してくれているだろう」という前提で、丁寧な説明をしないことが多い。学校でもそうだ。「そんなことは社会の常識《あたりまえ》」のひと言で片づけようとする。

昔から「家に帰ったら、手を洗ってうがいをしなさい」と教える。このことも「外の雑菌が喉や手についているから、うがいをしたり、きちんと石鹸を使って手を洗い、清潔にしていないと病気になるよ」と説明すれば、子供は理解して従うだろう。それを「そんなこと社会の常識だ」と言ってしまったら、子供は、なぜその行為をしなければならないかがわからないままだ。あまりにも基本をないがしろにする風潮は、物事に対する理解度もかなり低下させていると思える。

会社でも、「そんなことは社会の常識だ」とか「営業をしている人間なら、こんなことは誰でも知っている」と言われることはあるだろう。だが、そういう仕事や経験を一度もしたことのない人間にとってはわからない。サラリーマンは、会社に入ってから名刺の出し方、タクシーに座る位置なども教わったと思う。

名刺ひとつもきちんと出せなければ、「君は、そんな教育も受けていないのか」と言われるだろうし、上司のもとには「あなたの会社は、こんな社会常識も教えていないのか」という電話が来て、そんな些細なことで仕事がパーになる可能性だってあるかもしれない。だが、そうしたことは、研修などで「名刺はこう出すものだ。それはなぜかというと……」と、きちんと説明すれば済むことだろう。ところが、それを最初から「社会常識だ」で片づけられたら、誰だってわからない。社会に出て、初めて教えられてわかる常識もある。そういう些細なことをしっかり教えることが、実は大切なのだと思う。

部下に仕事を教える時は、その仕事の持っている意味をきちんと説明して納得させたい。そこで初めて、部下は指導というものを受け入れるだろう。

「なんだ、そんなこともわからないのか」は上司の禁句

新人を教育する場合、上司が絶対に言ってはならないのは「なんだ、そんなこともわからないのか」という言葉だ。

教える側の人間だって、最初は同じことがわからなかっただろう。長い経験と実績を積んできたからこそ、今の地位があり、能力を発揮できる場所がある。振り返れば、入社当時は、自身もやはり今の部下と同じだったはずなのだ。

これは、子育てにも通じる。「勉強しろ。早く寝ろ。風呂に入ったか。歯を磨いたか」と、子供の頃は親から散々言われて頭にきていたはずなのに、いざ自分が親になると、同じことを繰り返して言っている。

「宿題はしたのか」とか「時間割は調べたか」などと口うるさく言う必要はないだろう。時間割を調べずに学校へ行けば、教科書を忘れて先生に怒られることもある。さらに、教科書もなしに授業を受けるというリスクを負えば、「次からは忘れないように」と、きち

んと心がけるようになる。

クラスメートに「教科書を忘れたから見せて」と、頭を下げて恥をかくのもいい。叱られるのも勉強、失敗するのも勉強だ。上司にいろいろと言われるのは二度とごめんだと思えば、次からは同じ失敗をしないために勉強する。

そうやって成長していく若い社員に向かって、「なんだ、そんなこともわからないのか」とか「近頃の若い者は……」と言う上司には、「あなたは、今までにそうしたことは一度もなかったのか」と私は問いたい。人の上に立てば立つほど、自分たちが経験した苦い思い出、恥ずかしい記憶は頭の中から消えてしまう。だから、つい「なんだ、そんなこともわからないのか」という言葉が口をついて出る。

同じ失敗を二度も三度も繰り返す部下がいれば、今度は、この仕事はその人には向いていないと判断して部署を変えてやればいい。その人に合う部署を探してやることだ。プロ野球なら、他球団へトレードして環境を変えてやる方法がある。

いつまでも同じ場所にしがみつこうとすると、かえってその人にとってマイナスだし、ひいては上司や会社にとってもマイナスになる。そのためにも、その人の特徴は何かということを見極める目を持つことだ。

そんなことばかりやっていたら、この部署に残る人間は一人もいないということになるかもしれない。だが、実際にそんなことはないだろう。その部署に合う人は必ずいる。その人の特徴は何なのか、見つけ出してやることが肝要だ。教えすぎず、教え込まずに成長を促すか、適性を見極めてふさわしい部署に配属してやること、それが上司の本来の務めだ。

何でもできる人はいない。私自身も、そんなスーパーマンは、いまだかつて見たことがない。反対に、野球はうまいが新聞もろくに読めないという人間なら何人も知っている。その人に社会常識だと言って漢字テストの勉強をさせれば、ある程度の能力は身につくかもしれない。だが、それはその人の本当の意味での能力を生かしているとは言えないだろう。

例が極端だったかもしれないが、確かに偏った人間ばかりでは世の中は成り立たない。そういう人を入れた会社に、人を見る目がなかったとも言える。

しかし、人間は皆、何らかの才能を持っている。才能のない人はいない。たまたまスポーツに長けた才能を持っている人もいれば、医学に長けている人、芸術に長けている人、音楽に長けている人……いろいろだ。

医者の家系だから子供も医者、親が政治家だから子供も政治家というように、ある程度の答えが見えているものはなりやすいし、やりやすい。だが、一般社会やスポーツに関しては、まるきり質が違う。もの考え方、感性の違いによって、生かされる場所も様々だ。どんな才能が眠っているかだって、簡単にはつかめない。だからこそ、「なんだ、そんなこともわからないのか」は禁句なのだ。

プロ野球界においても、ルーキーを指導する場合に「そんなことは、いまどき小学生でもわかる。基本が大切なんだ。キャッチボールはこう、バッティングはこうだ」といくら教えても、選手一人ひとりの骨格や筋肉の付き方はすべて違う。オーバースローで投げられない人もいれば、アッパースイングでなければバットを振れない人もいる。それをひとまとめにしておきながら、「そんなこともできないのか」と言う指導者は、人にものを教える資格などない。

部下に気持ちよく仕事をさせるのも上司の仕事

コーチの仕事には、いかに選手を気持ちよくプレーさせるか、というものも含まれている。

野球選手にとって、怪我や故障はつきものだが、同時にこれは野球人生を左右するものでもある。「怪我や故障」と言葉ではひと括りにされていても、その中身には様々なケースがある。

デッドボールによる骨折や、クロスプレーでどこかをぶつけて痛めたというようなプレー中の怪我については、早く完治させることだけを考えて治療に専念するしかない。同様に、長年の無理がたたっての故障も、あせらずにリハビリしていくしかない。これらは避けられないものだから、本人も含めた誰の責任でもない。

また、練習中にグラウンドに転がっているボールを踏んで捻挫《ねんざ》した、というような不注意による怪我は論外だ。そんな選手には、技術や知識を教える前に、野球選手としての在り方を考えさせなければならない。

もうひとつ、故障をしたのは本人なのだが、その原因を指導者がつくってしまうものがある。実は、このケースが最も多いと言っても過言ではない。これを説明しよう。

簡単に言えば、選手自身が気の入らないプレーをすることによる故障だ。

中堅クラスの投手を例にしてみよう。この投手は、安定した投球を続けたことで中継ぎとしての実績をつくった。オフの契約更改では年俸も大幅にアップし、やる気満々で新しいシーズンを迎えた。投手コーチからは「監督は、今年は勝ちゲームの時にしかおまえを使わないと言っている。しんどい登板が続くと思うが頑張ってくれ」と言われた。

そして、ペナントレースが始まる。ところが、このチームは投打の歯車が噛み合わず、開幕直後から借金（負け越し）生活が続く。件の投手も、勝ちゲームだけではなく、同点、あるいは僅差でリードされている場面でも起用された。

はじめのうちは「チームの状態が悪いし、元気な俺が頑張ろう」と感じて、どんな場面でも精いっぱいの投球を続ける。だが、そのうちにチームの成績が上向いてきても、起用法は定まらないまま。多少の疑問を感じながらも、「一軍で投げているんだから」という気持ちを奮い立たせて頑張り続ける。

しかし、ようやく借金を返して上位争いの輪に加わっても、この投手はいわゆる〝便利屋〟的な起用ばかりされる。そして、次の登板も、先発投手が早い回で崩れたためのロング・リリーフ。悶々とした気持ちで投げていると、肩にピリッと痛みが走る。そのうち腕も振れなくなり、ボールは走らなくなって打ち込まれてしまった。試合後にトレーナーに診てもらうと、肩に炎症が起きていると言われた。それが首脳陣に報告され、この投手は一軍登録を抹消されてしまう。

この故障の原因は何か。「なぜ、俺がこの場面で投げなきゃならないんだ」という気持ちで投げたことにより、余分な力が入ったり、体の使い方がいつもと違ったりしたことである。では、その責任はどこにあるか。もちろん、本人の責任がゼロではない。だが、「勝ちゲームでしか使わない」と手形を切っておきながら、そう使っていないのに何の説明もしてやらなかったコーチの責任は大きいだろう。

最終的な起用法は監督が決める。だからコーチは、なぜそういう使い方をしているのかを説明してやらなければならない。そして、その投手が納得して登板できる環境を整えるべきなのだ。

「俺だって、おまえを勝ちゲームにしか使いたくない。だけど、今は我慢の時だ。近いうちに俺からも監督に言っておくから、何とか集中して頑張ってくれ」などと、先に言葉をかけて、その投手の不安や怒りをしずめ、精神的な孤独感から解放してやるのもいい。また、黙って見ていて、先のようにグチをこぼしてきたら、徹底的にしゃべらせてストレスをやわらげてやるのもいい。方法はいくつかあるはずだから、その投手の性格に合わせて適切な接し方をしてやるべきだ。

そこで、脅しのように叱責してしまうのは最悪だ。また、あくまでノータッチの姿勢も感心できない。顔色が違う、行動に覇気がないなど、何らかの不満や悩みを抱えている選手は、シグナルを発している。それをいち早く見つけ、処方箋を考えておかなければならない。

ここでは故障を例にしたが、精神的なスランプも同様である。こうした状況は、一般社会でも考えられる。働き盛りの若い社員に実力を発揮させなければ、会社全体の損失にもなりかねない。何度も言うが、コーチの仕事とは、選手を叱ることでも同情してやることでもない。選手に気持ちよく仕事をさせてやることなのだ。

ちなみに、もうひとつ大切なことがある。それは、不満を持っている選手と腹を割って話した際、そこでの話は一切ほかの人間に漏らさないことである。監督に報告するなどもってのほか。他のコーチに相談すると、その選手に対する先入観や偏見を抱かせる原因にもなりかねない。不満を持ったいきさつを理解しているコーチが、親身になって守ってやるべきだ。

自分の部下を信頼できない。それではたいがい失敗する

私が見ていて、このやり方ではまず失敗するのではないかと思うのは、各担当コーチに任せられない監督、つまり各部署の責任者に任せられない上司だ。すべて自分でやらなければ気が済まないとか、自分の部下を信頼できない上司はたいがい失敗している。

自分の部下を信頼できない原因は何か。それは、仕事に対する考え方の違いを受け入れられないことだ。上司は、自分たちの仕事はこうだと考えているのに、連れてきた部下はまるで違う考え方を持っていることがある。その時に、自分のやり方でしか物事を進めていけない人は、結局すべてを自分でやらないと不安になる。最後は、あらゆる部署へ首を突っ込んでしまうのだ。プロ野球の監督で言えば、選手のコンディション管理から、若手の指導、投手の交代まで、すべてを一人でやってしまおうとする状態だ。

そういう人は、自分のやり方がパーフェクトに近いと考えている。だから「このやり方でやれ」と一方的に言ってしまう。それに対して部下が「でも、こういうやり方もあるの

ではないですか」と提案しても、「いや、私の言った通りにやらなければダメだ」と言い張る。もちろん、指揮官なのだから、どんな仕事の進め方をしてもいいだろう。ところが、そんなパーフェクトなはずの上司にも、専門外の分野はある。野手出身の監督なら投手のことはわからないし、投手出身の監督なら野手のことはわからない。

そういう仕事に取り組む時は、自分だけでやろうとしても困難である。そこで初めて部下に任せてみようと思っても、適した人材を置くことができない。部下の効果的な使い方、生かし方がわからないのである。

当然のことだが、そういう上司のもとでは部下も育たない。「彼のやり方ではダメだ。私が自分でやったほうが早い」と上司が言ってしまったら、部下も「こんな上司のところにはいられない」とか「何を言っても受け入れてもらえないのだから、何もしないで、ただそこにいればいい」と考えるようになる。それでは、上司と部下の関係は悪循環していくばかりだ。

一人の人間としては、自分でやっていこうとする責任感も必要である。だが、上司という立場にいるのなら、任せる部分はきちんと部下に任せておいて、あとはうまくそれらを機能させるというやり方をとるべきだ。自分がやろうとしていることを部下に理解させながら、部下の良さを引き出してやる。そうすれば、部下も思い通りに動いてくれるはずだ。

また、「こういうふうにやっておいてくれよ」と言って任せられる上司のもとでは、部下のモチベーションが高まり「この仕事を何とかうまくやっていこう」と、いろいろな知恵をめぐらせてくれるはずだ。これが仕事の成功につながり、部署の業績となり、最終的には上司の功績となる。

良い上司は部下を信頼する。信頼した上で仕事を任せ、納得できる結果を残す。その結果が部下にとっても自信となり、その自信が確実に部下を育てていく。部下を信頼できる上司は、同時に良い指導者にもなり得るのだ。

まず部下に腹の中のことを全部吐き出させよ

漫才にも〝ボケと突っ込み〟があるが、一般社会におけるコミュニケーションでも、聞き上手な人間は絶対に必要だ。そのバランスを取れるのは上司だ。話すことも聞くことも、自分の考え方ひとつでできる。ならば、自分の考え方を話す前に、部下の言葉をすべて聞いてみたらどうだろうか。

先述したが、私が息子の小学校でPTA会長を務めていた時、近隣の小学校が十何校か集まる会があった。ある時の会では『今年のスローガン』を決めることになっていたのだが、会議の様子を聞いていた私は次第に腹が立ってきた。「スローガンはこうしたい、ああしたい」と言って、いろいろな意見が出てくる。それで会議はさっぱりまとまらないのだ。

私は、こうしたとりとめのないコミュニケーションは苦手である。だから、私たちの小学校におけるPTAの会議では、そういうやり方はしなかった。14人の役員がいたが、最初にひとりずつすべての人に「言いたいことは全部言ってください」と言って、私はずっと聞き役にまわっていた。14人の意見が出尽くしてから、「では、こうしたらどうですか」と私の考えを話すと、たいがいは「それにしましょう」という結果になった。

つまり、部下には、まず腹の中のことを全部言わせなければいけない。そうした上で、上司が一番良い方向性を提案する。それでコンセンサスを得るようにすれば、部下も納得するし、動きやすくなるだろう。上司が頭ごなしに「こういう方向で行く」と決めてしまうと、部下から総スカンを食いかねない。

自分の仕事を補佐してもらいたければ、まず、そのスタッフになる人たちの意見を一度すべて吐き出させなければいけない。それを聞き、自分の中で咀嚼《そしゃく》してから「これだけの意見が出たけれど、それを検討した結果、こういうふうにやっていこうと思う。どうだろうか」と言う。示された方向性に、自分の意見がある程度でも反映されていると、部下は納得してくれるし、会議自体もスムーズに進んでいくだろう。上司からの一方通行で「こういう方向性でやらなければならないから、みんなよろしく頼む。はい、会議はこれで終わり」では、自分の意見を聞いてほしかった部下たちは、悶々として仕事することになってしまう。

上司は、どんな時でも聞く耳を持つことだ。聞く耳を持って、部下が腹の中で何を考えているのかがわからなければ、効果的なコミュニケーションはできないし、仕事の成果も挙がらないだろう。ところが、現実には部下の話を聞かない上司が多い。「こんな若造の話を聞いたって仕方がない。自分たちのほうが実績も経験も豊富なのだから」という上司が多すぎる。

「自分がいなければ困るだろう」は自己満足。周囲にとっては大迷惑

74年に長嶋さんが引退した時、20歳だった私は後楽園球場で行れた最終戦を見に行った。そして、「長嶋さんが引退したら、日本のプロ野球も終わるのではないか」と真剣に考えた。だが、そんなことにはならなかった。80年には長嶋監督が退任し、王、野村の両三冠王も引退した。それでもプロ野球は続き、今日がある。イチローが渡米して抜けたオリックスでも、ライトは別の選手が守り、何もなかったかのように今季も公式戦を戦っている。世の中は、また会社は、どんなに功績のある人間が抜けたとしても、次の日からも同じように動き続ける。

人間とは面白いもので、自分がいなくなったら、組織や仕事はうまく機能していかないのではないかと思っている。ある意味では、そうした思いが人間を支えているとも言えるだろう。しかし、実のところ何も変わらないのだ。そのことを寂しいと思うかもしれないが、世の中の仕組みとはそういうものだ。そのことを理解していれば、自分が組織を去っ

たり、職場を変わったりする時も必要以上に悩まなくて済む。

私は、自分で自分に値段をつけて契約更改に臨んできた。これは、私自身に「自分がいなければ、このチームは戦えないだろう」という思いがあったからではない。あくまで球団と対等な立場を確立しておきたかっただけで、同時に「こんなに高い金額なら、ほかのチームへ移ってくれ」と言われることを常に覚悟していた。プロ野球選手にとって、引退の危機は毎年訪れているのである。

また、野球が続けられるのなら12球団のどこでもいいと考えていたし、どの球団からも契約してもらえなくなったらユニフォームを脱ぐしかないのだと覚悟していた。だから、「自分がいなければ……」という心境になったこともない。そして、実際にその通りになった。

「自分がいなければ……」と考えている人に限って、自分がそこにいたいのだ。プロ野球界にも「このチームでなければ自分の野球ができない」と思っている選手が多い。一種のブランド志向だ。これは日本人の特徴なのか。

ブランド志向の人間は「自分はどこにいれば一番いい仕事ができるのか」を考えるのではなく、「自分はどこで仕事がしたいか」を考えている。だから、「トレードに出されるんだったら、野球をやめます」と言ってユニフォームを脱いでしまった選手が何人もいた。

そんな光景を目の当たりにすると、私は「その球団のユニフォームが好きなのか、野球が好きなのか」ということを考えさせられた。本当に野球が好きだったら、ユニフォームはどこの球団のものでもいいはずだ。

現在の私についても「巨人を出る時に引退しておけば、もっと仕事があって、もっといい生活ができたのに」と言う人がたくさんいる。だが、私は〝落合博満〟という看板を持っているから、巨人の看板はいらない。巨人という看板がなくても生きていける。自分という看板を自分で作り上げれば、組織を去る時、職場を移る時にもそれを持っていけばいい。松下幸之助にしても本田宗一郎にしても、過去に立派な経営者と言われている人は、自分自身が看板だった。

しかし、組織という看板に頼って生きていたら、それを下ろさなくてはならない時に慌ててしまうだろう。そして「自分がいなければ……」と言う。周囲の人間にとっては、実に迷惑なことだ。

人を育てるという作業はデリケート。ひとつの成功例が次にも当てはまるとは限らない

プロ野球界において、良い指導者と呼ばれるためには、１００人の若い選手のうち、どれくらいの人数を一流に育て上げればいいか。

答えは一人である。

イチローが「僕は○○コーチに育てられました」と言えば、そのコーチはもう、良い指導者なのである。その陰で、99人の選手が志半ばで消えていっても、そのコーチが良い指導者であることに変わりはない。

ただし、一人の若い選手を一流に育て上げたからといって、その方法がほかの選手たちにも当てはまると考えてはならない。例えば、オーバースローでボールを投げてもストライクが入らないある投手に、「サイドスローに変えてみたら」とアドバイスをした。すると、ストライクが入るようになって一軍へ抜擢され、なかなかの活躍をしたとする。

何年か後に、また同じような投手に出会った。自分の中に「サイドスローに変えればいい

い」というマニュアルがあるから、今度もそうしてみればいいという安易な考えで指導する。結果として若い才能はつぶれてしまう。人を育てるということは、ひとつの成功例が次の人にも当てはまるという安易なものでは決してない。

いろいろな方法を検討し、試してみるのはいい。だが、ここで大切なことがある。選手本人が納得をしてできるかどうかだ。仮に10人中10人の若手を育てた黄金のマニュアルがあったとしても、それが11人目の選手にも合うかどうかはわからない。人を育てるという作業は、実にデリケートなものなのだ。

指導者は、最終的にやるのは本人なのだということを常に忘れてはならない。そして、どんな方法で育てるにしても、選手本人とよくコミュニケーションをとり、納得して打ち込める環境をつくってやりたい。

それでも、一流への道は決して平坦なものにはならない。正しい方向に努力をさせても、効果が表れないこともあるだろう。プロ野球界でも、指導者はこのことを最も恐れている。その選手からの信頼を失うばかりか、他の若い選手や周囲の人間から「あいつはダメなコーチだ」という烙印を押されると感じるからだ。

いろいろな方法を両者納得ずくで試して、それでも結果が出なければ仕方がないと腹をくくることができない。そこで、自分の指導マニュアルだけに頼り、選手本人が納得していないのに、「こうやって投げないと、次からは使わないよ」と言い渡す。それで選手が育たなければ「あいつには、才能やセンスがなかった」で終わらせてしまう。人を育てることを、そのように簡単に結論づけてはいけないだろう。

「良いコーチ」と言われたいのか、それとも「良いコーチ」になりたいのか

プロ野球界の指導者には、3つのタイプがある。それは、その指導者がどの方向を向いて話をしているかで決まる。選手のほうを向いて話をするのか、会社（チーム）に向かって話をするのか、一般大衆（メディア）に向かって話をするのか。

最も多いのは、会社に向かって話す指導者だ。選手と同様に、指導者だって自分のクビ、生活をかけて仕事をしている。やはり〝御身大切〟という意識が働くからだろう。

また、「良いコーチ」とか「素晴らしいコーチ」と言われたい人は、一般大衆を向いて話をする。「俺は、こういう選手を育てている」とか「俺はこうやって教えたけど、あの選手はダメだった」などと内輪話をするので、大衆受けもいい。

だが、本当に良いコーチ、良い指導者は、選手本人のことを一番に考えて、選手のほうを向いて話をしている。残念ながら、そういう人は現在のプロ野球界には少ない。「俺は、どこに行っても飯は食える」というような自信がないのだろう。自分の信念を曲げても会

社に向かって話すか、一般大衆に向かって話をしている。

私の評判が良くないのは、あまり会社や大衆に向かって話をしないからだ。私は、少数の人間からは支持されても、会社の経営者や一般大衆からは支持されるタイプではない。何事も、一度取りかかった以上は、徹底的にやらないと気が済まない性分なので、時間の制約やあとさきのことを考えないで、とことんやる。だから、私はきっと組織の中の上司にはなれないだろう。

ある種の技術屋——私は、自分のことをそう理解している。そして、一人の指導者が10人も20人もの若い選手を相手にして、ものを教えることは絶対にできないと考えている。お互いに、どこかで集中力が途切れてしまうと思うからだ。

さて、一般社会では、100人に1人などという確率でしか若い社員を育てられないのであれば、良い上司とは呼ばれないだろう。究極の理想を言えば、100人の若い社員を預かったなら、その100人すべてに、何とか目鼻をつけさせたい。そのためにはどうするか。若い人たちの最大なる長所と、欠点は何かを見る目をつけることだ。

上司に一番求められるのは、この〝見る目〟だろう。若い社員が自分の部署に配属されてきたら、また人事異動で新顔がやってきたら、まずはその人間を観察して長所や欠点を見極める。

目立つ長所があり、欠点がさほど仕事や人間関係に影響しないものであれば、その長所をどんどん伸ばしてやればいい。それが自分の長所であるという自覚を持てば持つほど、仕事や身のこなしにも自信があふれてくる。そして、そんな人の欠点は、いつしか長所の陰に隠れてしまうことが多い。

では、欠点が目立つ場合はどうするか。最もいけないやり方は、本人にそれが大きな欠点であるということを感じさせてしまう指導や言動だ。欠点というものは、本人が心のどこかで意識しているものだ。だから、他の社員と比較して「君は彼よりここが劣っているから、何とかして力をつけなさい」という言い方もタブーだ。

まずは小さな長所を伸ばしてみる。それで、その長所のほうが目立ってくるのか、それともまだ欠点が目立つのかを見る。欠点が目立つのであれば、お互いに話し合って仕事の進め方などを考えればいい。ここでは、その社員のほうを向いて話をしてやることが大切だ。「上から言われているから」とか「そろそろ頑張らないと社内的にもまずい」といったような言い方では、信頼関係を築くことは難しい。親身になって考えているのが伝わって初めて、その社員も本気の努力というものを上司に見せるはずだ。

「言われなくてもわかっている」で片づける部下は大成しない

言葉だけがひとり歩きして、実はその意味がわかっていないということも多い。

例えば、バッティングを教える時は「センター返しが基本」だという。これは、野球を経験したことのない人でも一度くらいは聞いたことがある言葉だろう。

バッターの仕事はヒットを打つことである。その目的を達成するためには、センター返しが基本だということだ。ならば、なぜ基本なのかをはじめに理解してから練習に打ち込むのが近道だろう。目的に向かうプロセスにおいては、本流から外れた些細なことでも「そんなことは、言われなくてもわかっている」と片づけず、その意味を理解してから取り組みたい。そうした姿勢は、思わぬ幸運をもたらしてくれるかもしれないのだ。

話を戻そう。では、なぜ「センター返しが基本」なのか。その意味を説明できる人は、実は少ない。少し時間をいただいて、私が解説しておこう。

シートノックを思い浮かべていただきたい。ノッカーは「はい、サード。次はショート」

というように、内野手に時計回りに打球を転がしていく。その際、サードへ打つ時は左肩（右で打つ人の場合）をサードへ向けてボールを打つ。同じように、打ちたい方向に左肩を向け、時計回りに体を回転させながらボールを打っていく。

つまり、ボールを打つ時は、打者の両肩を結ぶ線と平行に打ち返すことが、最も理に適った打ち方なのだ。これを投手との対戦に置き換えてみる。当然、ボールはマウンドから来る。そのボールに対して両肩を結ぶ線を平行にして打てば、マウンドへ向かって打ち返すのが最も理に適った打ち方だと言える。ゆえに基本なのだ。

だから、私の現役時代はセンター返ししか狙っていなかった。レフトへ飛んだ打球は、体が早く開きすぎたものだし、ライトへ飛ぶのは遅れたからだ。最初からレフトスタンドを狙ったり、いわゆる右打ちをしようとしたことなど一度もない。基本に反するからである。

一般的な野球場は、ホームベースからレフトとライトの距離が90～100メートルくらいなのに対して、センターはほぼ120メートルある。いつから野球場がこういう形になったのかは知らないが、きっとセンターへの打球が最もよく飛んだからではないか、と私は考えている。それはすなわち、センターへ飛ぶ打球が最もよく伸びることを示している。

だが、プロ球団のコーチが、若い選手に打撃指導をする際、「いいか、基本はセンター返しだぞ」などと言うと、「そんなことは、言われなくてもわかっている」と感じる選手が多いはずだ。しかし、それがなぜなのかはわかっていない。そして、そういう選手に限って力任せに引っ張るバッティングをしていたりする。

コーチは、そんな選手にセンター返しが基本である理由を説明し、納得させた上で次のステップへいこうとしているのかもしれない。ところが、当の選手が「そんなことは、言われなくてもわかっている」という意識を持っていては、コーチの指導は最大限の効果を発揮できないし、第一、そういう選手は大成しない。簡単に思われていることでも、実は奥深い理屈があるものは多い。それを一つひとつ理解した上で次のステップに進むことが大切なのだ。

現場の最高決定権は「指揮官」にある。そのことを曖昧にしてはいけない

現場の最高決定権は指揮官にある。ゆえに、組織の中での勝手な振る舞いを平気で黙認したり、そうした問題を曖昧にする指導者は決して優秀ではないし、情があるとも言えない。最高の決定権を持つ人間が決めたことに従わないという行為は、組織の中では絶対にしてはいけないし、そうした振る舞いを許してはいけない。何でも自分の思い通りにやりたい人間は、組織からは外れなければいけない。

また、一人の人間の勝手な主張を通してしまった場合は、こんな問題も起きる。例えば「僕は先発しかやりません」と主張した投手に、監督が先発を任せたとする。それで、主張した投手本人は納得するだろう。まさに言った者勝ちだ。しかし、今度は他の投手たちが納得しなくなる。「俺のほうが力があるのに、なぜあいつを使うのか」というムードが必ず出てくる。組織としては、こんな雰囲気になることのほうが本当は怖いのだ。

では、あなたにプロ野球選手になっていただき、次の場面で自分はどうするか考えてい

ただきたい。

あなたはAというチームの選手である。このAチームは、0対5でBチームにリードを許している。試合は9回裏、Aチーム最後の攻撃。ワンアウト、ランナー一塁であなたに打席が回ってきた。

すると、ベンチから〝送りバント〟のサインが出た。「5点も負けていて最後の攻撃。ランナーを二塁へ送っても意味がないだろう」と考えたあなたは、もう一度サインを出してほしいとベンチに合図する。だが、サインはやはり〝送りバント〟だった。さて、この場面であなたならどうするか。

これは極端な例である。この場面で打者に送りバントというサインは、まずあり得ない。しかし、あなたが「これは、絶対にサインの出し間違えだ」と決めつけ、バントをしないで打ったら、それは自分勝手な野球だ。監督が何を意図してそのサインを出したのかがわからなければ、選手は監督のサイン通りに動かなければならない。そこに「これは監督が間違えているのだ」という自分の意思が入り込む余地などない。

監督は「どうせ負け試合になるなら、彼には送りバントの練習でもさせておこう」という意図のもとで、サインを出したのかもしれない。そうすれば、ゲームに負けても意味のある試合になるのだ。

ただし、あなたがバントをして、当然のごとくアウトになってベンチに戻ってきたとする。この時「なぜバントなんかしたんだ」と監督に言われ、「そういうサインが出ました」とあなたが答えると、「おまえはバカじゃないか。そんなサインが出ても、こんな場面で送りバントがあるわけがないだろう。少しは野球を考えろ」と監督に怒られたとする。この場合は監督に問題がある。この人は明らかに指導者失格だ。

あなたは「おかしいな」と考えて確認を取っている。そういうことを言うのなら、指導者は曖昧なサインは出してはいけない。こうした関係は、指導者と選手の意思の疎通を欠くことになり、次第に監督が「右を向け」と言っても、選手たちは右を向かなくなってしまう。

それだけ、指揮官という立場は責任が重い。最高の決定権を持っているのだから、選手に余計なことを考えさせる余地のないように、物事を進めていかなければならないのだ。どんな問題に直面しようとも、舵取りを間違えることはできない。舵取りが進むべき方向を間違えたら、その集団は必ず空中分解するだろう。だからこそ、舵を間違えないように、すべての部下を同じ方向に向かせることが大切なのだ。

責任は、まず組織の長が取る。そして当事者にも取らせるべきだ

部下に信頼される上司であるためには、部下の話に聞く耳を持つこと。そして、進めた仕事に関する最終責任は自分が取ることだ。

部下の話をろくに聞かずに、「君がやった仕事だから、君が責任を取ればいい」などと言う上司はいないだろうし、最終的には何らかの責任がその上司にもいくだろう。そうしたことから逃げてはいけない。それが組織というものだ。組織の長が責任を取らなければ、誰が取るというのか。

これは、現在の日本の悪いところだが、例えば数年前の不祥事が明るみに出ると、その事情をほとんど知らない人間が、「私たちの責任です」と言ってカメラの前で頭を下げる。本来なら、不祥事を起こした当事者を連れてきて頭を下げさせるべきだ。だが、みんな逃げてしまう。前任者の責任は、仕事を引き継いだスタッフにはない。

確かに、現時点での最高責任者は、仕事を引き継いだスタッフだ。だから、彼らがすべ

て泥をかぶって頭を下げるのは、それなりに理解はする。だが、不祥事を起こした人間は平気でシラを切って、「俺は何も悪いことをしていない」と言わんばかりの顔で画面に映る。あれは最も始末が悪い。見ている子供たちに与える影響は、ものすごく大きいだろう。

最近は、医療ミスが明るみに出ることも増えた。だが、どこの病院でも当事者ではなく院長だけが出てきて頭を下げる。それは、正しい責任の取り方ではない。責任は、まず組織の長が取らなければいけないが、当事者にも一緒に責任を取らせるのが大原則だろう。「自分が間違えても、上の人間が頭を下げて終わりだ」と思えば、その人間はまた同じ過ちを繰り返す。組織の長と当事者の二人が、まず矢面に立たなければしようがない。ところが、責任者は謝罪に出てきても、当事者が出てくることは少ない。

外務省で起きた機密費詐取事件の時に、当時の河野洋平外務大臣から「外務省の職員にもプライバシーがあるから、そこに立ち入ることはできない」というような発言があった。だが、自分の立場を利用して背信行為をした人間に、何のプライバシーがあるというのか。使ってしまった金は、どこの金なのか。言葉は悪いかもしれないが、やった人間とすべての事実を白日のもとに曝《さら》け出さないことには、世間は納得しない。

外務大臣のような要職にある人が「彼らにもプライバシーがある」という発言をすると、「そういうものなのか」と思ってしまう人のほうが多いだろう。だが、私は断じて違うと思う。現役時代の私は、何も悪いことはしていないのにプライバシーを実感できることなどなかった。それなのに、なぜ悪いことしている人間にはプライバシーがあるのか。これは単なる私のひがみなのか……。

もちろん、大きな問題を放置していた人間が一番悪い。その責任をたどっていけば、官僚、外務大臣、そして最後は内閣総理大臣と、最も上までいってしまうだろう。そうした流れをどこかで断ち切らなければならないから、トカゲの尻尾切りをしたのかもしれない。それにしても、件の河野大臣の発言は、責任ある立場の人間が世間に向かってする釈明ではないだろう。政治家とは、ある意味では言葉を操って国民を洗脳する仕事だ。それで長年生きてきた人にしては、言葉の使い方があまりにも杜撰《ずさん》だ。

人間にはミスがつきものである。野球の試合におけるエラーと医療ミスを同じレベルで語ることはできないが、とにかくミスが起きた場合は、しかるべき人間、すなわち組織の長がきちんと責任を取らなければならない。そして、そのミスの程度に応じて、当事者にも責任を取らせることが必要だろう。こうしたことを曖昧にしている組織には、発展も成長もないと感じている。

「彼にこう言っておいてくれ」第三者を介した話のキャッチボールは危険

プロ野球の監督という仕事は、なかなか本音を話すことができない。企業の管理職にも、似たような部分はあるだろう。本音ばかりを言っていたら、部下はついてこられない。だから建前や、時には嘘を口にしなければならない。これは、人の上に立つ場合には必要なことだろう。

ただし、部下と直接話をする時は、本音で話さなければいけない。対外的には本音を隠しても、一対一の会話をする時に建前ではダメだ。ところが、実際は外へ向かって本音を漏らし、部下には建前を口にする上司が多いのではないか。本音と建前を口にする相手を間違えてはならない。

また、絶対にしてはならないのは、第三者を介した話のキャッチボールだ。第三者は、話の内容に脚色が加わるため、最初の内容が曲がって伝わってしまう。さらに、言ってもいないことをつけ加えられた場合は、話した人間の意図とはまるで違う話になる。私は、この第三者を介した話のキャッチボールで引退寸前まで追い込まれたことがある。

中日へ移ってリーグ優勝を経験した翌年、89年の春季キャンプ前のことだ。この年の中日はオーストラリアでキャンプを行うことになっていて、二連覇を目指す星野仙一監督は、初日の体重測定で基準をオーバーしている選手、またフォーメーション・プレーをこなせない選手からは罰金を徴収すると決め、選手にもそのことが伝えられていた。私はキャンプ開始に備えて、1月中旬から家族とともに長野県にある温泉地へ行き、自主トレーニングをしていた。そこへ取材に訪れた報道陣から、私はキャンプに関する質問を受けた。そのやりとりの中で、私は次のような発言をした。

「自分のペースで体を仕上げてキャンプに臨むのが、本来のプロの姿ではないか。やらなければお金が稼げない世界なんだから。また、自分の体は自分が一番よく知っている。若い選手と同じメニューではしんどいので、それで罰金を取られるなら仕方ない。オーバーワークでパンクしてしまっては、罰金より大きく年俸を下げることにもなりかねないから、自分のペースで開幕に間に合わせる。そして、タイトルを獲ってチームの優勝につなげる」

これは、スポーツ紙の一面に掲載されたのだが、見出しは「落合、星野指令無視」というもので、私の発言はチーム方針を無視することになるものだと書かれていた。そして、「罰金を取られるなら仕方ないという発言は、チームの和をないがしろにした発言だ。星野監督が聞けば怒るでしょう」という球団社長のコメントまで付け加えられていた。

翌日の同紙には、星野監督の「そんなこと、報道陣に言わないでチームのスタッフと話し合えばいいのに」というコメントまで載り、監督と私の関係が良くないのではという論調になってきた。

しかし、球団社長と監督と私は、一切言葉を交わしているわけではなく、この騒動はすべてメディアを介した情報がもたらしたものなのだ。その後、私が宿泊していたホテルに球団から電話があり、ペナルティとして罰金と開幕からの出場停止を言い渡された。

まったく納得ができなかった私は、即座に「私は誰のことも批判したつもりはないし、発言自体も一般論として話したまでだから、それでもペナルティを科すというなら今すぐ野球をやめさせていただきます。明日、引退会見をしますから、球団で場所を用意してください」と言って電話を切った。

これに慌てた球団は、あの手この手を尽くして私に翻意するように働きかけてきた。結局は、数日後に私が球団事務所へ出向き、球団代表と話し合った後で記者会見を行った。その席で球団代表は「落合君の言葉が真意通りに伝わっていなかったことがわかったので、個々については問わない。しかし、全体として監督、チームメイトに迷惑はかけたのでけじめはつける」と話し、私には罰金１００万円と厳重注意のペナルティが科されたことになっていた。私は球団関係者や監督に対して、一連の騒動の火つけ役として頭は下げたが、ペナルティについては一切受け入れなかった。そして、キャンプからしばらくの間は、報道陣と筆談でコミュニケーションを取るようにした。

このように、プロ野球の世界では、メディアを介した会話のキャッチボールが誤解を生むことは多い。私もこの一件で痛感させられたが、重要な話は、絶対に第三者を介さず、直に本人に話すことだ。「彼にこう言っておいてくれ」は、絶対にしてはならない。

プロ野球界に限らず、一般社会でもこうしたケースは多いのではないか。特に言いにくい内容の話は、誰でも避けて通りたいものだ。しかし、話した相手から嫌われたくないと思っても、避けて通ったことで何か問題が起きてしまったら、もっと悲惨な目に遭う。

親身になって言ったことで、部下に嫌われたとする。言った上司もつらい気持ちだ。だが、その時点では理解されなくても、時間がたってからわかってくれればいいのではないか。そういう考えで部下と接し、いいこともそうでないことも、面と向かってしっかりと伝えたい。

上に立つ指導者であってもわからないことは「わからない」と言おう

野球の技術において「これだけわかればもう大丈夫」というレベルがあったとすると、私の持っている知識など知れたものだ。わからない部分が圧倒的に多い。この〝わからない部分〟を誰に助けてもらうかが大切だ。

ところが、実際の知識はわずかなのに、「自分は全部知っている」と言う人が不思議と多い。だから、断定的な言い方で「これが正しい」とか「これがすべてだ」と言ってしまう。人を言葉だけで納得させたいのなら、時にはそういう言い方も必要だろう。しかし、実際に人を動かしている時は、「これがすべて正しいから、このやり方でやれ」という言い方では、どこかに無理がある。

そこで必要なのは、どうやって自分の中に知識を増やし、それでも足りないものをいかに他の人から補ってもらうか、ということだろう。人の上に立つ指導者とはいえ、選手から教わることもあれば、自分の子供から教わることもあり、その世界のことはまるきり知らない人から教わることもある。「何を聞いていいのかわからない」と言う前に、何でも聞いてみれば、そこから話も膨らんでいくはずだ。

その出発点で、「こんなことを聞いたら笑われるのではないか」と思っていたら、絶対に先へ進まない。もし「こんなバカなことを聞きやがって」と言う人間がいたら、よほど偉いか自信があるか、それこそ「何でも私に聞きなさい。何でも答えてあげますから」と言う仙人だろう。

私はテレビで野球解説をしているが、実況しているアナウンサーに何かを聞かれて、わからない時は「わかりません」と言う。嘘を言う必要はないし、間違ったことを話すのはあまりにも無責任だ。いくら20年間取り組んだ仕事とはいえ、わからない部分は必ずある。ましてや、野球解説では「あの選手は今、どういう精神状態でしょうか」という質問がくることもある。「それはその人の考え方だから、私にはわからない」と答えるしかない。第三者が考えていることだから、わからなくて当然だろう。

また、引退してもよく聞かれる質問に、「どうしたらホームランやヒットを打てますか」というものがある。「その答えこそ私にください」と言いたい。私がそれをわかっていたら、もっと高い数字が残せたはずだ。それがわからないから、打率3割そこそこしか打てなかったのだ。

ただし、その質問に対して、「こういうことをすれば近づくのではないか」と教えることはできる。反対に、ヒットを打つために絶対にしてはいけないことも説明できる。だから「私にはわかりません」とは言うが、そこでコミュニケーションを終わりにはしない。わからないなりに、「理想に一歩でも近づくためには、こういうことをしなければならない」という説明だけはできる。そうすれば、聞いている人も何となく納得してくれるだろう。

件の質問に対して、私なら「ボールは前からくるのだから、しっかりボールを見てバットを振れば、当たらないはずがない」と言う。すると、「しっかりボールを見ているけれど当たらない」と返される。それならば「それは、恐らくボールの見方が悪いのだろう。こういうふうに見れば、何とかボールをバットに当てることはできる」と教える。ただし、「それは当たるだけであって、ヒットになるかホームランになるのかはわからない」と言っておくだろう。ここまで話せば、質問した相手も納得してくれるはずだ。

それを、まるでヒットを打つ方法でも知っているかのような顔をして「ボールは前からくるのだから、しっかりボールを見てバットを振れば、当たらないはずがない。はい、次の質問は?」とやってしまうと、質問した相手からの信頼も薄くなってしまうだろう。

わからないことは「わからない」と言う。ただし、それまでの経験からわかっているところまでは教えてやる。部下とは、そういうコミュニケーションを取りたい。

〝反面教師〟もコーチの在り方。常識を打ち破り、ユニークな視点を持て

教える者と教えられる者の間には、暗黙の了解のようなものがある。しかし、少し視点を変えてみることによって、さらに豊富な知識が得られるということも考えておきたい。

まず、教える側には「コーチングとは、正しい知識を教えること」という概念がある。本当にそうだろうか。間違ったこと、つまり仕事における禁じ手を教えることによって、部下に正しいやり方を考えさせ、身につけさせることもできるのではないだろうか。いわゆる反面教師的な指導法である。

私がロッテの中心打者になった頃、練習中にこんなことがあった。打撃練習を終えた私がダグアウトに引き揚げようとすると、打撃コーチの広野功さんに呼び止められた。

「おいオチ、こいつのスイングを見てやってくれないか」

広野さんが指導していたのは、高沢秀昭という後輩の外野手だった。私はひと通り高沢のスイングを見た後、広野さんに「バットを振ってみてくださいよ」と頼んだ。広野さん

は戸惑った表情をしながらも、ブンッとバットを振る。ここで私は、高沢に言った。

「今の広野さんのスイングを見たか。この人は、現役時代にボールとバットがえらく離れているような、不格好な空振りをよくしていたんだ。そのスイングの悪いところを真似しなければ、おまえのスイングは良くなっていくよ」

誤解のないように書いておくが、広野さんは手腕の高い指導者である。66年に慶大から中日へ入団し、西鉄（現・西武）や巨人も渡り歩いて、74年まで強打者として活躍した。その後、78年からは打撃コーチとして、中日、ロッテ、西武で多くの選手を育てている。2000年限りで千葉ロッテの打撃コーチを退いたが、その指導力には定評のある人だ。

私の言葉を聞いた広野さんは「このやろう！」と笑いながら、バットを持って追いかけてきた。もちろん、私も冗談半分で言ったのだが、高沢には「何も指導者の教えることがパーフェクトなわけではない」ということを伝えたかったのだ。

それから広野さんと高沢が、どんな取り組みをしていったのかはわからない。だが、高沢はほどなくレギュラーとなり、88年にはパ・リーグの首位打者まで獲得した。ここで言えることは、高沢もいろいろな指導法を参考にしながら、最終的には自分のバッティングを自分自身で作り上げていったということだ。

広野さんにも指導者がいたと思うが、そこで学び取ったことを自分が指導者となって高沢という後進に伝えた。そして、その高沢も指導者となり、若手の指導にあたっている。技術や知識というものは、こうして次代へ受け継がれていく。その中で、指導者には「自分の得た技術や知識がパーフェクトではない」という感覚を常に持ち、時には反面教師的なアプローチも考えてみる必要があると思う。

先入観は捨てられないもの。だからこそ先入観であることを自覚せよ

悪いとわかっていても、人間がどうしても捨てられないものに先入観がある。現役時代の私にも、先入観とは恐ろしいものだと痛感させられた経験がある。

私が中日に在籍した90年代前半、ライバルの巨人には先発投手三本柱がいた。現在でも現役で頑張っている槙原寛己、斎藤雅樹、桑田真澄の三人だ。そして、この三人の中の誰がエースかと問われれば、私は間違いなく桑田であると感じていた。

槙原という投手は、私にとって天敵のような存在だった。苦手意識はないし、打てないという印象を抱いたこともないのだが、対戦成績はなぜか一方的に槙原に軍配が上がっていた。すると、徐々に顔を見るのも嫌になってくるもので、ある時の対戦で私はセーフティ・バントまで試みたことがあったほどだ。

しかし、中日打線は槙原を得意にしていて、勝ち星を献上した記憶もそう多くはない。私一人がカヤの外だというだけで、チームとしては槙原が巨人のエースだという認識は持

っていなかったと思う。

斎藤も実力や実績は申し分のない投手だが、体調がすぐれなかったり打ち込まれたりすると、視線が宙をさまよってしまうことなど、メンタル面でのひ弱さをやや感じさせる部分があった。だから、槙原と同じく、斎藤が巨人のエースだと感じていた選手もほとんどいなかった。

対して桑田には、エースと呼べる要素が備わっていた。帽子を目深にかぶり、ボールに何やらひそひそと話しかけて投げてくるふてぶてしい態度や、メディアを通して伝えられるストイックな生き方。マウンドに立っている姿を見ても、桑田が巨人のエースであるという印象は、チームの誰もが持っていた。

93年の暮れ、私はフリー・エージェント宣言をして中日から巨人へ移ることになり、翌春のキャンプからは彼らをチームメイトとして見ていくことになった。すると、巨人投手陣の大黒柱が、本当は斎藤であることに次第に気づかされていったのだ。

この年の開幕戦に、長嶋監督は斎藤を先発投手に指名した。斎藤は、持ち前の安定した投球術で、広島打線につけ入るスキを与えない。一方の巨人打線は広島投手陣を初回から粉砕し、9対0の大差をつけて終盤になだれ込んだ。

8回表、斎藤は一死三塁というピンチに初めて直面した。だが、勝負の行方はすでに決していると言ってもいい状況。普通に考えれば、三塁ランナーをかえして1点を与えても、アウトカウントを増やすのがセオリーである。しかし、私はマウンドに歩み寄って斎藤にこう言った。

「この試合は1点もやりたくないから、(三塁ランナーをかえさないように) 前進守備をするぞ。おまえは絶対に完封しろ」

斎藤は一瞬目を丸くしたが、すぐに「わかりました。頑張ります」と言って、後続を見事に断ち切った。結果、巨人はさらに2点を追加し、11対0で完勝したのである。

私が完封にこだわったのは、優勝を至上命令とされたシーズンの開幕戦だったからである。勝ち方にも徹底的にこだわることで、他の5球団に「今年の巨人はひと味違うぞ」という印象を持たせたかったし、巨人自体も波に乗っていけると考えたからだ。チームメイトの中には、「なぜ?」と感じた選手がいたかもしれない。だが、斎藤は私の思いを瞬時に悟り、最高の結果をもたらしてくれた。中日時代に感じていた頼りない斎藤など、実際にはどこにもいなかった。

この年は前半に快進撃を続けたものの、夏場を過ぎるともたつき、結局は同率で並んだ中日と、10月8日に直接対決で優勝を決める羽目に陥った。だが、この試合に何とか勝ち、日本シリーズでも西武を倒して、長嶋監督を二度も胴上げすることができたという印象深いシーズンになった。

そんな戦いの中で、斎藤は常に信頼できる投球を続けた。特に、連敗している時や首位争いなど、今日は負けられないという大切な試合では無類の安定感を発揮した。そんな頼もしさを目の当たりにした私は、中日時代の印象を打ち消し、巨人の真のエースが斎藤であったことを認識した。

誤解のないように書いておくが、槙原や桑田が決してエースでないと言うわけではない。彼らも、どこのチームへいってもエースを担える立派な投手だった。だが、斎藤はそれ以上、いわば日本のプロ野球界を代表するスーパー・エースとでも言えばいいだろうか。それほど頼れる投手だったのだ。

つけ加えると、斎藤はこの年から3年連続、つまり私が巨人に在籍した96年まで、すべて開幕投手を務めて完封している。3年連続開幕戦完封は日本記録であるが、その年を占う試合で完璧に近い投球をできるあたり、超一流の投手と言っても過言ではないだろう。

さて、「斎藤は巨人のエースではない」という私の先入観は、斎藤やチームに対してマイナスを生んだというものではない。

だが、特に上に立つものの持つ先入観というのは、組織や部下にとって大きなマイナスになることがある。

新入社員なら人事部から、また人事異動してくる者なら前の所属部署などから、その人間に関するインフォメーションがあるだろう。履歴書の写真、性別、年齢、出身大学など、あらゆる情報が先入観をつくり上げる要因となる。

それが良くないものであった場合、その人間はスタートからハンデを背負うことになる。もちろん本人はそのことを知らない。また、たとえある程度良い先入観を抱いたとしても、そこを伸ばしてやろうと決めつけてしまっては、それ以外の良い部分を殺してしまうことにもなりかねない。

私は、現役時代に4つの球団を渡り歩いた。いわば、日本プロ野球株式会社における人事異動である。そして、新しい球団に移ってしばらくたった頃、オーナーや球団社長に必ずと言っていいほどかけられた言葉が、「君は、思っていたよりも話のわかる人間じゃないか」というものだ。私は、一体どんな人間だと思われていたのだろう。

プロ野球界の場合は、残した数字が評価の対象となるからまだいい。だが、一般社会においては、社員の評価が数字だけではできなかったり、数字にも表れない場合が多い。そうした環境の中では、先入観をあらためさせるのは至難の業だ。

理想を言えば、先入観を捨てて新しい人間と対面するのがいいだろう。しかし、なかなかそうもいかない。ゆえに、新しい人間を迎える側、特にその部署で責任ある立場にいる者は、先入観を持っても、それが先入観であることを自覚すべきだ。そして、現実の姿とのギャップをいち早く埋めていく作業を心がけなければならない。

部下の専門分野に強くなれ

昔のプロ野球界には、走るだけ、守るだけ、ピンチヒッターだけという専門分野で生きてきた選手、すなわちスペシャリストがたくさんいた。それに対して、最近はすべての能力を兼ね備えた選手を集めよう、育てようとする傾向にある。しかし、すべての能力を備えた人間は、そうはいない。一球団に2～3人いればよいほうだろう。ゆえに、こうした方針のもとにドラフトにかけられ、育てられる選手たちは、何でも平均点にこなせる力はあるものの、これでプロ野球界を生き抜いていけるといった卓越した能力、いわゆる〝一芸〟に乏しい。

また、私は現役時代に「野球バカ」と言われることがあった。だが、奥深い野球の技術を追究している時に、そう言われるのは恥ずかしいことだとは感じなかった。「バカ」と言われるほど、何かひとつのことに打ち込める人、それも仕事においてそんな経験ができる人は、実はごくわずかだ。そうした境遇に自分もいるのなら、幸せなことだとさえ思っていた。

ところが、最近のプロ野球選手には、そんな立場の幸福さを実感できない者が多い。投げること、打つこと、あらゆる技術事に対して広く浅くで、徹底的に追究しなくなってくる。平均年俸のアップや待遇の改善により、追究しなくても生活していけるようになったことも原因だろう。だが、それは決して幸せなことではない。これらのことが、近頃「プロ野球がつまらない」と言われる一因だと思う。

なぜなら、最近の一般社会では、スペシャリストが好まれているからだ。昔の企業は、何でも平均点でそこそこできる人間を求めた。ところが最近は、数字に強い者は数字の分野に、営業のセンスに長けた者は営業にと、得意分野をより生かす仕組みになってきた。終身雇用制が事実上崩壊し、ひとつの能力に秀でていれば、何とか世の中を渡っていける風潮だ。

テレビでも〝達人〟や〝鉄人〟と呼ばれる人たちを登場させ、その妙技を披露してもらう番組が増えてきた。とにかく、平均点でバランスの取れたゼネラリストよりも、専門分野に生きるスペシャリストの魅力がクローズアップされている時代だ。

これからの人に求められているのは、何事も広く、そして深く学ぶことだ。そういう人が、21世紀の社会で生き残れると思う。スペシャリスト傾向にある部下の上に立つためには、上司は何でも勉強して、様々な知識を持ち、部下以上にいろいろなことに対応できなければならない。

一般社会も、仕事の成果に応じた報酬をもらうというようにしないと、優秀な人材は皆、他社や他業種に持っていかれることになるだろう。外資系の企業が日本に進出してから、日本の企業も変わりつつあるとは言っても、まだ遅れている分野は多い。その最たるものが管理職だと思う。部下の能力についていけない人が、昔と違って多くなりつつある。だから、上司と部下の信頼関係もなくなり、「なぜ、こんな上司に仕えなければならないんだ」という風潮が出てきている。

部下にそう思わせないためにも、管理職になったら、自分が第一線で働いていた時よりも、さらにオール・マイティにならなければいけない。部下に質問された時に、「それはこう、これはこう」と説明がつかないようでは、部下から軽く見られて「あの上司はダメだ」ということになる。

そして、部下の専門分野を大切にし、「仕事のことを聞いたら、理解できる答えを示してくれた」とか「あの人には、話がきちんと通じる」という上司でありたい。そうでないと、その上司だけでなく、会社そのものがバカにされて、「こんな会社に長くいても意味がない」ということになってしまうだろう。

次に「頑張ろう」とモチベートする材料を出せるか出せないかが大きい

経営者にとって大切なことは、社員の能力をシビアに観察しながら、ある程度の結果を示した時に、「よし、次はこれを目指して頑張ろう」とモチベートする材料を出せるかどうかだ。

現在のプロ野球界には、私が日本で第一号となった1億円プレーヤーが数十人いる。1億円どころか、3億、5億と天井は上がり続ける一方だ。〝億〟という単位の年俸を手にしている選手は、1球団平均でも数人ずついることになるが、それほど多くの選手に手厚く支払う必要はないだろう。私は一人か二人でいいと思う。その代わり、本当にチームの大黒柱となっている選手の年俸は10億円でもいいのではないか。そうすれば、他の選手の年俸がいくら安くても、ファンからは「すごい球団だ」という印象を持たれるはずだ。

ところが、日本の球団のフロントは「一人の選手にそういうことやると、他の選手との調和がとれない」と言う。本当にそうだろうか。実力主義の世界なのだから、調和などとれなくても結構。むしろ、突き抜けた存在を作ることによって「自分も、ああいう選手になりたい」と思えるような選手が必ず出てくるはずだ。そのことに、どれだけ大きなメリットがあるか、球団を経営している人たちはわかっていないと思う。

日本の社会には、年功序列という考え方がまだまだ残っている。確かに、先輩や実績のある人を敬い、その功績を称える気持ちは必要だ。しかし、それと給与は関係ない。一般社会でも、その時に〝最も活躍している人〟や〝一番利益をもたらしている人〟を厚遇すべきだろう。会社の業績が好調なのが社長の方針の賜物なら、社長が突き抜けた報酬をもらえばいい。社長だから高いのではなく、実績に見合った待遇なのだ。

最近のプロ野球界では、複数年契約を結んでいる選手も何人かいる。選手と球団は1年契約が基本だが、それを何年か先まで、口約束ではなく正式な書面で約束しているという形態である。また、インセンティブといって、残した数字によってボーナスがもらえるという契約もある。

こうした契約を結んでいるのは、ある程度の実績を残した中堅からベテラン選手がほとんどである。だが、目の前にニンジンをぶら下げる方法は、もっと効果的に考えたほうが得策だと感じている。

まず、複数年契約は若い選手と結ぶべきだろう。年齢が25歳と若く、よほどのことがない限りは5年、10年と主力でやってくれるだろうというチームに絶対的に必要な選手だったら、それこそ5年、10年契約をしてしまえばいい。フリー・エージェント権取得による流出も防ぐことができる。そこまでの長期契約には不安があるのなら、1年契約で年俸を大幅に上げてやればいい。

では、35歳のベテラン選手の場合。年俸1億円でレギュラーとして働き、チームの優勝にも貢献してくれた。さて、あなたが球団代表なら、来年の契約はどう考えるか。ちなみに、現状で考えれば、50％アップの1億5０００万円で1年契約というのが、妥当な判断と言われるだろう。だが、私は違う。私が球団代表なら、年俸を7０００万円くらいまで下げて1年契約を提示する。ただし、残した数字に応じて出来高払いを設定し、翌年も優勝に貢献するような働きをしてくれたら、最高2億円くらいまでが手にできるようにしてやる。

サラリーマンは、会社に労働を提供した対価として、月末に給与を手にできる。一方、プロ野球選手の年俸は、何も働いていない段階で1年分を決めてしまう。私は年俸を〝プロ野球選手という商品の値段〟と考えているが、言い方を替えれば〝期待料〟でもある。

年俸が期待料であるなら、その期待は35歳のベテランより、25歳の若手のほうが大きくて当然だろう。それに加え、どんなに優秀な選手であっても、毎年確実にひとつずつ歳を取る。体力などは落ちていくわけだから、基本給は下げなければならない。それが本来の契約の仕方だろう。

日本のプロ野球界では、このあたりの考え方が実に曖昧になっている。球団フロントの人間は、もっとビジネスに徹するべきだ。義理と人情で選手に接し、フリー・エージェント権を取得されて「ほかの球団に行く」と言われた時、「誰のおかげで、おまえの名前は世に出たんだ。10年間育てた恩を忘れたのか」と言ってみても始まらない。

私が初めて首位打者を獲得した81年オフの契約更改がいい例だ。大幅な年俸アップを期待する私に、「君には実績がないから」のひと言で、わずかしかアップしてくれなかった。ただし、「今年も同じような数字を残せたら、その時は大幅にアップしよう」と約束してくれた。この「同じような数字を残せたら、大幅にアップ」がモチベートできるキーワードだった。結果を書いておこう。目の前においしそうなニンジンをぶら下げられた私は翌年、史上最年少で三冠王を獲得したのである。

経営者たるもの、目先のマイナスにとらわれず
プラス・マイナスの感覚を持て

企業間の競争に勝ちたい、ライバルの会社にダメージを与えたいと思ったら、経営者は、ライバル会社で一番優秀な社員を引き抜くことを考えればいい。

これは極論かもしれないが、互角に勝負しても勝てない相手と戦わなければならない時は、どうすれば相手の戦力をマイナスにできるかを考えることだ。ライバル会社にダメージを与えて10億円の利益が挙がるのなら、その社員を1億円で引き抜いたとしても惜しくはない。その1億円を出すことを惜しんだために、10億円の利益をライバル会社に持っていかれたら、結局、大きなマイナスになってしまう。

「相手が一番困ることは何か」を考えるのは、勝負に勝つ条件のひとつだ。自分の会社により多くの利益を生むためなら、引き抜こうとした社員に「1億円では嫌だ。5億円くれなければ行かない」と言われたとしても、5億円を出せばいい。それでも、まだ5億円の利益が残る。

プロ野球チームの経営は、こうした側面を持っている。なぜなら、優秀な選手を集めてほかのチームより戦力を充実させ、優勝を果たせば計り知れないプラスアルファがあるからだ。今年何とか優勝したいと思えば、トレードやフリー・エージェントに大金を注ぎ込んで優秀な選手を集め、優勝して投資した何十倍という利益を挙げればいい。それで、オーナーが10年に1回優勝できればいいと思えば、あとの9年間は寝ていても大きな赤字は生まないはずだ。

ただ、プロ野球チームの場合は、一般企業と違って独立採算ではなく親会社がある。言葉は悪いが、親会社がしっかりしているところは、チームが赤字になってもいい。昔のロッテのように、赤字を出す部署があったほうがいいという考えでチームを持っているところもあった。覚えている人は少ないかもしれないが、日本ハムは、昔は徳島ハムという会社だった。それが今や、プロ野球チームを持ったおかげで業界トップの企業に成長した。

プロ野球チームを持つ企業のオーナーは、チームのおかげで、1年を通じて企業名がメディアに乗ることを最大のメリットとしてとらえている。NHKだって「ダイエー対ロッテ」や「ヤクルト対阪神」と企業名を呼んでくれる。それを宣伝費に換算すれば、膨大な金額になるからだ。

プロサッカー・Jリーグのチームが企業名の使用を認められていたら、ここまで人気は伸び悩まなかったし、チームを手放す企業もなかっただろう。結局、チームのスポンサーである企業名を使えないから、企業サイドが冷めてしまった。企業にしてみれば、チームをバックアップすることを広告宣伝費として考えれば安いものだ。しかし、それができないのならメリットは何もない。

Jリーグは、地域密着の理念を掲げ、チームに企業名ではなくホームタウンの地域名を使うことを求めた。確かに、スポーツにおいて地域密着の理念を持つこと自体は素晴らしい。だが、ここはヨーロッパではない。日本のスポーツ界は、企業のバックアップによって成熟してきたと言っても過言ではない。発足当時に爆発的なブームを巻き起こしたものの、約10年たった現在はどうだろう。本当の勝負はこれからなのだ。

現場を預かる人間は5年後、10年後ではなく、現時点で良い結果を出すことを求められる。だが、その上に立つ経営者は、目先のことではなく5年後、10年後を考えなければならない。「今はマイナスをつくっていても、5年後、10年後にはこうなる」という目標をきちんと推し進めていくべきだ。「今はこれだけの利益を生むが、来年になればマイナスになるかもしれない」という経営の仕方では、会社は確実に弱っていく。目先のマイナスにとらわれず、プラス・マイナスの感覚を持って企業の先頭に立ちたい。

そして、この感覚は、もちろん人間を見る時にも必要だ。自分の部下がどんな将来性を持っているか、またどう成長していくように感じられるか。それらをしっかりと見極め、大切な人材を効果的に動かし、育てていきたい。

第四章

組織の中で「自分」を生かす術《すべ》

――三冠王はこうして生まれた。結果を出し、自身を高める方法

〝俺流〟をアピールすることは、組織から外れることではない

球団と選手は対等な関係にある、という考え方を公言してきた私は、〝俺流〟という代名詞とともに、自由気ままに振る舞う人間だと思われていた部分がある。極端に言えば、チームのことなど我関せず、勝手に打って勝手に走って成績を残すというイメージだ。しかし、当の私自身は、一度としてチームから外れたことはないと思っている。私の自由になる時間をいかに有効に使うかということに重きは置いたが、ユニフォームを着ている時は、チームの一員であるのを忘れたことはない。

その代わりに、チームの人間は巻き込んだ。私が「これをやらなければならない」と思えば、コーチや打撃投手の自由な時間に「ノックをしてほしい」とか「ちょっと投げて」と呼んできては、1時間でも2時間でも協力してもらったりした。

だが、その人に他の仕事がある時間に、わざわざ私のために呼びつけて仕事をしてもらうということは一切しなかった。チームのスケジュールに従って動かなければならないも

のに関しては、私はその通りに動いていた。春季キャンプでは、「まだバットを振らない」とか「俺流にやっている」などと言われたが、これは私自身の判断に任せてもらっていた部分を、メディアが面白おかしく書いただけだ。

ペナントレースに臨むにあたっては、「自分を生かしてチームに貢献しよう」と考えていた。「自分が犠牲になっても、チームの勝利に貢献したい」とか「タイトルはいらないから、優勝を経験したい」という選手もいるようだが、私はそんな気持ちが理解できない。どうして自分を生かし、その上でチームにも貢献しようと、一石二鳥に考えないのか。

私のように考えれば、自分の野球に自分で責任を持たなければならない。練習では何と言われようと自分に必要なものを追求し、試合でいい数字が残せる状態をつくり上げる。そして試合では、監督の采配に沿ってチームを勝利に導く努力をする。これが私のスタイルだった。

だから、四番を打てと言われれば打ったし、バントのサインが出れば走者を進めた。また、ポジションだって一軍定着当時のセカンドからサード、ファーストと変わった。自分で書くのも気恥ずかしいが、私は監督が最も使いやすい選手だったのではないか。もし私が監督なら、自分のような選手がいたら一番使いやすいだろうと思っている。

最近の主力選手たちの中にも、練習や調整に関して自己流で行う者が増えてきた。気候の暖かい海外へ出かけたり、他のスポーツのトレーニング法を採り入れたりと、積極的に自分に合ったやり方を探して試している姿勢は良い傾向だと思う。

ところが、監督の起用法に関してまで自己主張しているのは信じられない。投手で言えば「自分は1試合100球で代えてほしい」とか「中1週間あけないと、ベストの状態にはならない」というものだが、「僕は先発しかやりません」と言う投手が現れるに至って、日本の野球界は間違った方向に向かっていると思わざるを得ない。

自分の希望はあくまで希望であり、監督が「中継ぎをやれ」、あるいは「抑えをやれ」と言えば、その命令には従わなければならない。話し合いをして決めるのはよいと思うが、一方的に「僕は先発しかやりません」と言ってしまっては組織というものは成り立たない。

選手一人ひとりが「監督、僕はこういう考え方でやりますから」と言って自分たちの向きたい方向を向いていたら、組織はひとつの方向を目指して進んでいくことはできない。

〝自分を生かすこと〟と〝自分のやりたいようにやること〟は、まったく意味が違うのだ。

組織のルールを守り、指揮官が目指す方向に進みながら自分の力を惜しみなく発揮する——これが、組織の中で自分を生かす最良の術である。

まず「個人」があって「組織」がある時代。明確な目標設定でモチベーションを持て

ロッテに入団した私は、3年目に首位打者を獲得したことで「プロ野球選手としてやっていけそうだ」という光が見えた。この年の契約更改では、自分の年俸がどれくらい上がるのか楽しみにしながら契約交渉の席についたが、提示された金額は驚くほどわずかなアップ。「もう少し上がりませんか?」と尋ねた私に、当時の球団代表が「君には実績がないだろう」と言った話は先述した。

当時のプロ野球界は、たった一度のタイトルを高く評価する風潮などなかったのである。私は「それもそうか」と納得してサインをした。このように、球団と選手の関係は明らかに球団主導のものだった。そのことを不満に思う選手はいたが、だからといって何か行動を起こそうという雰囲気はなかった。プロ野球界とは、明らかに組織(球団)があって個人(選手)がある、という世界だった。

三度目の三冠王を手にした86年のオフは、私の年俸が「日本人選手で初めて、1億円を

超えるのではないか」という話題に注目が集まった。果たして、私は中日へトレードとなり、そこで初めて1億円プレーヤーとなったのだが、このあたりから、球団と選手は対等な関係であるべきではないかと強く考えるようになった。

プロ野球選手は、基本的には所属球団と1年ごとに契約を交わしてプレーする。チームの成績も多少は考慮されるが、球団はその選手の能力や働きに応じた金額で翌年の契約を結ぶというシステムだ。だから、チームが最下位になっても年俸の上がる選手はいるし、反対に優勝したシーズンでもクビになる選手は確実にいる。トレードだって、選手の意思ではなく、球団の都合で行われることがほとんどである。

それならば、選手は1円でも高く自分を売るべきではないかと考えた。そこで私は、自分という選手に自分で値段をつけ、それを球団が買ってくれるのかどうか——そういうスタイルで球団と契約交渉をすることにした。と言っても、非常識な金額を要求するわけではない。それでも私がつけた値段が高ければ、球団はトレードするなり、自由契約にすればいい。これで、選手と球団は対等な関係になるだろうと思った。

こうした考えのもとに、私は残りの現役生活をまっとうした。フリー・エージェント権を得て巨人と契約した時も、巨人を自由契約になって日本ハムへ移った時も、私はこの考え方を貫いた。

私は、年俸に関することでは、随分と批判されたり中傷されたりした。だが、現在では、こうした考え方に真っ向から異論を唱える者はいない。一般社会においても、会社があって社員がある、という時代は終わっているだろう。まず個人があり、そして組織があるという時代になったと思う。給与に年俸制や出来高制を導入した企業ならば、現役時代の私のような生き方もできるだろう。

しかし、まだ一般的には月給制の企業が多く、査定はあってもプロ野球選手ほど大きく差がつくものではないだろう。だから、年俸を自分の価値と考え、良い仕事をするためのモチベーションにすることは難しいかもしれない。

それならば、自分に対して明確な目標を設定し、それをクリアーしていくことをモチベーションにはできないだろうか。「営業成績を伸ばそう」という目に見える目標でもいい。あるいは、効率的な仕事の仕方を模索するような、目に見えないものでもいい。会社や上司から与えられた〝ノルマ〟ではなく、あくまで自分自身で設定した〝目標〟だ。

人間は、他人の立てた目標に対しては言い訳を探してしまうが、自分の立てた目標については何が何でも達成しようという気持ちになるものだ。ここから「個人」としての存在意義を実感し、充実した気持ちで仕事に取り組んでほしい。

周囲に目標を公言せよ。おのずと、やるべきことが見えてくる

現役時代の私は、シーズン前に抱負を聞かれると必ず「三冠王を獲る。そしてチームを優勝させる」と言い続けた。実際、三冠王を手にできたのは86年が最後だし、タイトル自体も91年の本塁打王が最後になった。しかし、その後も「三冠王を獲る」とは言ってきた。

これは、自分自身を精神的に追い込んだわけではないし、虚勢を張ったわけでもない。「タイトルというものは、必ずその年に誰かが獲るものだ。それなら、なぜ自分が獲ったらいけないのか」と考えた。ただそれだけのことだ。

82年に初めて三冠王を手にした時は、「また三つ獲ってやろう」などという意気込みは持っていなかった。だから、翌83年が首位打者のみに終わっても「本塁打王と打点王を他の選手に獲られてしまった」という悔しさもなかった。ただ、またその翌年、84年にブーマー・ウェルズが三冠王を獲った時は、正直言って気分が悪かった。それと同時に「打撃タイトルを一人で三つも獲ってしまうことは、これほど他の選手にもダメージを与えるの

か」ということを実感した。だから、次の年からは、再び自分がやってやろうと思ったのだ。

ファンやメディアからは「俺流の有言実行」とか「究極のポジティブ・シンキング」と言われていたが、過去にタイトルを何度も獲ってきた人は、みんな同じような発想だったと思っている。王貞治さんは13年連続を含めて15回も本塁打王を手にしたが、そうなると本塁打王は王さんの代名詞のようになってしまうから、ある種の義務感が生まれてくることもあるだろう。

つまり、何度もタイトルを獲る人は、「獲らなければならない」と考えているのではなく、「自分が獲るものだ」と当然のごとく考えているのだ。メディアに対しては奥ゆかしく謙虚に、「結果がそうなった」と言ったかもしれないが、実際は、最初から自分が獲るものだと思ってやっているはずだ。

一般社会でも同じことが言える。最初に目標を掲げなかったら、良い仕事はできない。最初から「この仕事は、うちの会社が取ってくる」と言って初めてそうなるのであって、「この仕事が取れればいいな」くらいの気持ちで交渉に行ったのでは、実際に取れるはずがない。

よしんば、「取れればいいな」で仕事を取れたとしても、その後が大変だと思う。仕事を取ってきたのはいいが、どうやってその仕事に取り組み、成功させればいいのか、とても不安になるだろう。だから、仕事に取り組む場合は、どんな時でも〝成功への青写真〟を先に描く。「仕事ができる」と言われる人はみんなそうだ。見切り発車は絶対にしない。そして、自分の目標をどうしても達成したいと思えば、当然、準備期間も長くなる。遊んでいる暇などない。

目標に向けたプロセスでは、自分と闘い、相手と闘い、数字と闘う。その中で、公言したための自分との闘いなど誰にでもできる。だから、思い切って「自分が取る」と言ってしまえばいい。公言しないで取りにいく人に限って、実際に取れてから「自分には、この仕事を取れる自信があった」などと言い出す。

公言してしまうと、自分が笑われるのが嫌だから一生懸命にやる。誰でも「あいつは大ボラ吹きだ」とは言われたくない。加えて、目標を達成するためにやるべきことが見えてくる。

比較対照は無意味でも、「自分にはできないからいいんだ」の「いいんだ」には進歩がない

プロ野球選手の契約とは、自分という商品を球団にいくらで買ってもらうかを決める場所である。そこには、「Aという選手はB選手と比較して」といった要素は存在しない。「彼の年俸があれだけ上がったのだから、自分もこれくらいは……」という比較対照は意味を持たないし、認められないのだ。

そう、プロ野球は自分自身の残した数字がすべての世界だ。毎朝スポーツ紙に目を通せば、〝打撃全成績〟や〝投手全成績〟が掲載されており、常に順位がつけられている。だが、年俸や自分の使われ方を他の選手と比較対照することには意味がない。

シーズン・オフになると、契約更改の話題がメディアを賑わせる。そこで「投手陣が共闘を宣言」などという記事を見かけることがある。ある投手が提示された金額が、自分の予想額を大きく下回っていた。それを報道陣にぶちまけて記事になると、他の投手たちが

「自分の評価もそんなものなら、今年は絶対に判を押さない」と言い出し、その球団の契約更改が大もめになったりする。こんな記事を見るにつけ、私は「彼らは本物のプロじゃないな」と思う。

こうした比較対照は、会社や学校でも当たり前のように行われている。例えば、家庭の中で妻が夫に対して「あそこのご主人は課長になったのに、あなたは何をやっているの」と言ったり、子供に「他の子はできるのに、何でおまえはできないの」などと言うのは、絶対にタブーだ。

特に子供に関しては、どんな才能が備わっているのかは、まだわからない部分が多い。それなのに、学校の成績だけで「あの子は一番なのに、何でおまえは一番になれないの。一生懸命に勉強していないからじゃあないの」と言ったりする。だが、学校では決められた教科のほかにも、学んで得ることはたくさんある。とにかく、子供の世界ではいたずらに比較対照だけはしてもらいたくない。

かといって、運動会で一等賞を決めないような曖昧な競争はやめてもらいたい。何でも序列をつけようとして、余分な競争をすることはない。だが、自分の才能を伸ばすという意味での競争は必要だと思う。

スポーツに長けている子供もいれば、不得手な子供もいる。勉強と一緒だ。勉強においいては序列をつけるのに、スポーツには必要ないということはない。何事も、できる子供とできない子供がいる。それを踏まえ、お互いに認識させた上で、自分の得意な分野ではいい思いをし、そうでない分野でも頑張れるエネルギーを蓄えさせたい。

会社でも、よく営業成績などをグラフにしているところがある。これは前述した比較対照とはニュアンスが違う。むしろ、自分自身を奮い立たせるためには必要なことだ。グラフは、あくまで営業成績であり、その人のすべてを評価しているものではない。

ここで気をつけたいのが、そのグラフを見て「自分も何とか成績を上げよう」と考えずに、「どうせ自分は、あいつには勝てないいんだからいいいんだ」と思ってしまうことだ。この「いいんだ」が、人間のあらゆる進歩を止めてしまうのだ。

そんな時には、何らかのモチベーションを持たせて「いいんだ」症候群から解き放ってやりたい。日々わずかでも進歩していることが実感できれば、人間は目標を持てるはずだ。他人との比較対照ではなく、自分自身の目標に置き換えることが肝要である。

食事と睡眠。精神的スランプ克服法はごくシンプル

私が「伸びる子の共通点は?」と問われれば、「よく食べて体が丈夫なこと」と答える。これは、近年最も軽視されている部分だろう。とにかく食生活が悪すぎる。高いもの、うまいものを食べていれば、必ずしも食生活がいいということではない。

プロ野球選手にとって、食事は練習にも等しいくらい大切なものだ。だが、最近の若い選手は食事の仕方が下手になった。私たちの時代は、キャンプで一番楽しいのは夕食の時間だった。ところが、最近の若い選手は食事もそそこに部屋へ戻り、自分の自由な時間をいかに多くつくるかを考える。食事の時間も10分から15分で切り上げ、買い出しに出かけてスナック類や炭酸飲料を口にする。あまりにも食事をないがしろにしすぎている。簡単に怪我や故障をしてしまうのも、こうした傾向と無関係ではないだろう。

穀類や豆類をはじめ、昔からの日本の食べ物は、最近の食生活では主役ではなくなってきた。だから、成人病のような変な病気が出てくる。こういうものをバランスよく摂《と》りさ

えすれば、強い体ができると言われている。だから、食べることにはもっと気を使ってもらわなければ困る。

これは家庭教育の一部だと思うが、子供を伸ばすには、やはり食べ物や生活環境を正すことから始めなければいけない。これは、社会人にとっても同じことだ。酒を飲むのは構わないが、主たる食事をきちんと摂ることを忘れてはならない。

考えてみてほしい。せっかくプロ野球選手になり、高度な野球理論が理解できても、それを実行する体がなくては一流になれない。サラリーマンだって、どれだけ能力があっても不摂生をしていては実行力は半減してしまうだろう。睡眠も食事と同等に大切だが、やはり基本はここにあるのだ。

何事においても基本がある。仕事でも「基本は大切だ」と言われる。プロ野球界でも、状態が悪く結果の出ていない選手には、「基本に戻りなさい」と指導する。ところが、その基本は技術に関することだと思われがちだ。つまり、打つ、投げる、走るというフィジカル面のパフォーマンスの中だけで「基本を考えろ」というわけだ。

そうではない。人間としての生活の中での基本、すなわち食事と睡眠から考えなければいけない。もちろん暴飲暴食や寝不足などは論外だ。生活を正すことから始め、それができたところで、ようやくプレーの基本、サラリーマンなら仕事の基本について考えることができるのだ。

空腹に耐えて練習しても、きちんと身につくはずがない。眠気と闘いながら仕事をしていても、効率は下がる一方だろう。「自分の取り組んでいる仕事が基本」という考え方があまりにも強すぎるが、もう一度本来の基本、原点を考えるべきだ。何事も無理をして取り組んでいると、その反動は必ずくる。

プロ野球選手のみならず、スポーツ・アスリートにとってスランプはつきものだが、このスランプにも二通りある。技術的なものと精神的なものだ。技術的なスランプは、原因を見つけて改善すれば早く脱出することができる。だが、精神的なスランプからは、なかなか抜け出すことができない。根本的な原因は、食事や睡眠のような基本的なことにあるのに、それ以外のところから原因を探してしまうからだ。そして、精神的なスランプと闘う状態がストレスにつながる。

サラリーマンでも、仕事が思い通りに進まない時などに「スランプ」を感じることはあるだろう。本来、スランプとは一流の人間にしか経験できないものなのだが……スランプ論は後に書くとして、とにかく状態の悪さを実感したら、食事や睡眠を基本に考えてほしい。

いかに丈夫で強い体をつくるか。食べることと寝ることがしっかりできなければ、いい仕事などできるわけがない。これらを基本に考えていれば、イライラすることも少なくなるはずだし、ストレスも軽減できるだろう。ゆえに、特に若い部下を預かる上司は、「食べること」と「寝ること」がいかに重要なことなのかを理解させなければならない。そして、自分自身にとっても、これがすべての基本であることを忘れないでほしい。

まず、一人の社会人としての生活を確立すべき。だから独身寮などいらない

当たり前のことだが、企業の寮は学生寮ではない。プライベート面をある程度束縛することによって、規則正しい生活を身につけさせようとしても、それが嫌な人間はいくらでも外へ飛び出し、自由な時間を過ごしてしまう。年齢は若くても社会人になったわけだから、自分の生活は自分の心がけひとつだ。それでも一人では心配だというのなら、下宿をしたり、それこそ親に面倒を見てもらえばいい。

プロ野球チームは、若手向けの合宿所を完備している。一般社会でも、独身寮を持っている企業は多いだろう。だが、私はそうした寮などいらないと思っている。プロ野球チームの場合、「うちの球団はこれだけの設備が揃っていて、親御さんから預かっても心配いりません」という部分もあるのだろうが、寮にいてもダメになる者はダメになる。反対に、自分でしっかりできる人は、寮がなくてもしっかりできる。

一人暮らしでは心配だし、実家も近くにないから寮が必要だというなら、百歩譲って高

校卒の20歳までだ。それも、成人したらすぐに卒寮してもらう。自分の生活を経済的な面も含めて自分自身で確立していくことも、社会人の立派な務めである。

社会人が共同生活をすることのデメリットはまだある。会社の外でもよくない誘惑があることだ。例えば門限などいくつかの規則があっても、先輩に誘われたら断れない。これも、ある程度までは社会勉強だとしよう。だが、寝ていたいと思う時に誘われることが続くと、仕事に影響してくることも明らかだ。それよりは、一人ひとりが自分のペースでしっかりとした生活をすべきだ。遊びたい人は、遊びたい人同士で好きなだけ遊べばいい。それで仕事ができなければ、本人の責任以外何ものでもない。

また、プロ野球界の場合は、寮で生活する選手がプライベートで問題を起こした場合、管理責任ということで球団の人間（寮長など）が処分を受けることもあるが、そこまでする必要もない。問題を起こした人間が、自ら責任を取ればいいだけだ。生きるか死ぬかという勝負を仕事にしている人間が、仕事以外のことはすべてほかの人が助けてくれると思っていたのでは、人間的な成長は見込めないだろう。寮で生活していても、悪いことをする人間はする。良い悪いに程度の差はあるだろうが、その責任を負うのは球団ではなく本人だ。それが、社会に出て給与を手にするということなのだ。

ただ、練習場だけはきちんと確保すべきである。クラブハウスと風呂があって、昼食を摂れる場所があれば十分だ。ともに生活できる場所はいらないが、いつでも練習できる体制は作らなければならないだろう。仕事における実力を高めていくための環境は、いくら充実していても構わない。やる気に満ちた人間を満足させるだけの環境は整えるべきだ。

一般社会でも、新入社員に対しては「まず一人の社会人としての生活を確立すること」を徹底させたい。それができた者から、実務指導に入っていくべきだろう。

経験に裏づけされた「感性」を研ぎ澄まし、自分自身を洗脳せよ

横浜キャンプで私が指導した若い選手が、何かをつかんでくれたことは先述した。多村たちにしてみれば、選手としての実績がある臨時コーチに指導を受けたことで「あの人に教わったのだから、自分は良くなるはずだ」という思いがあるだろう。これは、私という存在に洗脳されたと言ってもいい。だが、3日で私が帰ってしまった後、オープン戦を経てペナントレースに臨む際に、取り組まなければならないことは何か。

それは、私から受けた指導を自分の中に取り込み、そこから創意工夫して自分のものにすることである。そのために大切なのが感性だ。そして、この感性を磨くことが一流への道を開いてくれる。

一軍に昇格してからの私には、天敵と言える投手がいた。阪急（現・オリックス）のエースだった山田久志さん（前・中日監督）である。山田さんは私と同じ秋田の出身で、グラウンドの外ではずいぶん可愛がってもらったのだが、こと勝負になると一方的に押し込

まれていた。

山田さんは、アンダースローから繰り出すシンカーを武器にしていた。強打者との対戦では、必ずと言っていいほど、この沈むボールで勝負を挑んできた。だが、私はこのシンカーがまったく打てなかったのである。

もちろん、阪急と対戦する時の打撃練習では、山田さんのシンカーをイメージしながら攻略法を研究した。それでも結果は出ないのだ。そこで私は、考え方を180度変えてみることにした。

シンカーなど、沈むボールを打ち返すためには、下からバットを出してすくい上げるように打つというのが常識的な考え方だ。しかし、私は「沈むボールを上から叩いたらどうなるか」と考えてみた。詳しい技術的なことは省略させてもらうが、これを打撃練習で実践してみると、きれいに打ち返すことができたのである。

私が自分の感性から捻り出した攻略法で山田さんとの対戦に臨むと、結果は顕著な形で表れた。私のバットは山田さんのシンカーを見事にとらえ、あっという間に山田さんと私の立場は逆転したのである。良い結果が出れば、自信も生まれる。山田さんのシンカーを打ち返してからの私は、顔を見るのも嫌だった山田さんとの対戦が楽しみにさえなってきた。

ここで最も大切なのは、自分の感性を働かせて目標（この場合は、山田さんを打つということ）に取り組み、ある程度の成果を挙げたことで、「自分にはできる」という気持ちが生まれたこと。つまり、自分で自分を洗脳した状態になっているのだ。横浜キャンプでの多村は、私に洗脳された状態であると書いた。だが、このままでは、良い結果が出なくなった時に、洗脳による自信は解けてしまう。なぜなら、洗脳してくれた私という存在が近くにいないからだ。

指導者から洗脳された状態のままでは、次の壁を越えることはできない。その自信をもとにして、自分で自分を洗脳する状態にまで持っていかなければならない。ここまでくれば、何か壁にぶつかっても問題ない。洗脳している人（自分）が近くにいて、次の突破口も見つけてくれるからだ。

85、86年と2年連続三冠王を手にした時も、感性が大切な役割を果たした。実は、この時までの私は、シーズンで40本以上の本塁打をマークしたことがなかった。82年に初めての三冠王を獲得した時も、本塁打数は32。それで、「あんな数字の三冠王には価値がない」などと言われたりした。

85年の春季キャンプに臨む私は、どうすれば本塁打を量産できるかを考えた。そこで誰でも思いつくことは「飛距離を伸ばすにはどうするか」ということではないか。そして打ち方を変えたり、ウェイト・トレーニングに精を出したりする。しかし、私はこう考えた。

「ファウルになる打球をスタンドに入れられないか」

これが、私の感性から捻り出された目標である。外野のポールをかすめてファウルになる打球を、スタンドに運ぶ方法を模索したのだ。まずイメージしたのは、私は右打者だから、レフトにはスライスボールを、反対にライトにはフックボールを打てればいいということ。そして、そういう打球を弾き出すためにバットの出す角度をあれこれ試していたら、実際にできるようになった。

その結果、この年の私は40本どころか、一気に52本塁打を放ち、3割6分7厘の打率と146の打点とともに、文句なしの三冠王を手にすることができた。しかし、この話にはオチがつく。もう少しおつき合いいただきたい。

今だから言えるが、ファウルをホームランにする打ち方を身につけたものの、そんな打球が実際に打てたのは1本か2本だったと思う。では、本塁打を量産した本当の理由は何か。それは、妻の突拍子もないひと言だった。前年のシーズン・オフに突然、妻は私にこう言った。

「あなたがホームランを打てないのは、体が細いからじゃないの？　だって、門田（博光）さんとか外国人選手とか、ホームランをたくさん打つ人は、みんなポッチャリした体型よ」

翌日から、我が家の食卓には、関取がいるのかというほどの量の食事が並んだ。そして、それを食べ続けた私は、現在のようなアンコ型の体型になっていったのである。結果的には、これが私の打球の飛距離を飛躍的に伸ばした。私の打撃フォームが、体重を十分に乗せて打つものだったということも関係しているだろう。

ファウルがホームランにならないか、ということまでは、私の感性から出てきた。だが、太れば打球が飛ぶという発想は、私の感性からは生まれなかった。この時の私は、野球の素人の感性もバカにはできないと痛感した。

さて、本塁打を量産することに関しては、私の感性は結果に結びつかなかった。だが、大切なのは、私の中では「ファウルをホームランにする打ち方でいける」という手応えがあり、結果が出ていることで自分を洗脳している状態を保てたことだ。だから、ライバルの打者が迫ってきても、何試合か本塁打が出なくても、「絶対に大丈夫。最終的にタイトルを獲るのは自分なのだから」と思えた。

自分に自信を持つというのは、どんなことに取り組む場合も必要だ。だが、その自信が裏づけのないものだと、壁にぶつかった時には消えてしまう。本当の自信とは、感性を研ぎ澄まし、自分で自分を洗脳することから生まれる――現役を終えた今でも、私はそう考えている。

直属の上司だけが指導者ではない。自分の指導者はもっと増やせる

選手や部下など、教えられる側には「自分が教えを受けるのは、目の前にいる指導者だ」という感覚がある。選手ならば同じチームのコーチ、部下ならば直属の上司が自分の指導者だという感覚だ。だが、私はここにも疑問を感じる。なぜ、自分の指導者を限定する必要があるのか。手本になる人の仕事や行動は、貪欲に吸収するべきだろう。

私がこのことを痛感したのは、中日時代の広島戦である。当時の中日と広島は上位争いをすることが多く、直接対決はいつも張り詰めた雰囲気があった。しばらくそんな戦いを続けているうち、私はあることを感じるようになった。

「広島のピンチで〝あの人〟が出てくると、何か嫌な感じがする」

〝あの人〟とは、田中尊さんというヘッドコーチである。プロ野球では、ピンチの際にタイムを取ってマウンド付近に選手を集め、首脳陣が出てきて打者の攻め方や守備陣形を指示する。当時の広島で、その役目を担っていたのが田中さんだった。

例えば、広島がわずかにリードした試合で、中日に逆転のチャンスが訪れたとする。中日としては、一気に攻め込んで勝利をもぎ取りたい場面だ。私も意気込んで打席に向かおうとする。すると、主審が手を広げて「タイム」を宣告する。私も「あっ」と集中力を切られると、広島のベンチからは田中さんがゆっくりと出てくるのだ。そしてマウンドに足を運び、何やら指示を与えてベンチに戻る。どこの球団でもやることなのだが、田中さんに関しては、そのタイミングが絶妙なのだ。

このタイムで何度も嫌な感じにさせられた私は、「タイムを取るのは、何も自分のチームの選手にひと息入れさせたい時ばかりではない。相手のチームに嫌なムードを与え、攻撃の機先を制する使い方もあるのだ」ということを学んだ。以後、私は田中さんのタイムのタイミングを観察し、自分でも活用していった。

そう、ライバル・チームのコーチも、自分の仕事にとって参考になるヒントを与えてくれる可能性がある。営業先や取引相手の会社にも、そんな上司は一人や二人いるはずだ。その人は、単なる他の会社の指導者ではない。自分自身の〝指導者〟なのである。

そして、こうした感覚を持てば、自分の指導者はもっと増やすことができる。例えば、自分のバッティングの状態をより的確に把握するためには、誰にアドバイスを求めればいいか。打撃コーチ、チームメイト……これはまだ常識の範囲内だ。私が頼りにしていたのは、打撃練習の際のバッティング・キャッチャーである。

失礼な書き方になるが、バッティング・キャッチャーをやっている人は、ほとんどが元プロ野球選手で、それも一流まで上り詰めた人はいない。志半ばでクビを言い渡されたものの、野球が好きで、裏方としてでもこの世界でやっていきたいと考えた人間である。

そんな裏方のスタッフに対して、日頃の労に報いるために食事会を開く選手は多いが、その人をアドバイザーにしようと考える選手は少ない。だが、考えてみてほしい。バッティング・キャッチャーは、毎日打撃ケージの同じ場所に座って、ひたすら打撃投手のボールを受けているのだ。こんな経験を重ねているうちに、自分の目の前で打っている選手については、様々なことがわかるようになっている。

打撃練習を終えた私は、ケージを出る前に決まってバッティング・キャッチャーにこう話しかけた。

「俺にいつもと変わったところはなかった？　遠慮しないで言ってくれ」

すると、時には「いや、いつもより迫力がないというか……」とか「バットのグリップが、ほんの少しですが下がっているようです」などと、雰囲気から技術的なことに至るまで、実に的確に、かつ明快に教えてくれるのだ。彼らが教えてくれることは、自分でも気づかないポイントであることが多い。

一流の選手が裏方のスタッフから学ぶ――常識外れかもしれないが、自分にとって活用できることならば、常識よりも実を取りたい。こうした感覚を持つことは、次第に仕事における視点の置き方にも独自性をもたらしてくれるはずだから。

他部署の人や異なったカルチャーを持つ人間と話をしよう

プロ野球界には、〝投手人間〟と〝野手人間〟という見方がある。私は野手出身だが、確かに投手や投手出身の指導者に対して、共通の性格や考え方があると感じている。代表的なのは、わがままな部分。野球は、投げられたボールを打つとか、飛んできた打球を捕るといった、受け身の要素が多い。しかし、投手だけは自分がボールを投げなければ試合が動かない。そうしたところから、自分を中心にした考え方をする人が多い。

これは、一概に悪いこととは言えない。自分が一番だと思っている分、自分に対しても厳しさや責任感がある。また、投手出身の監督の采配を見てもわかるように、辛抱強さも備えている。余談になるが、ゴルフがうまいのも〝投手人間〟の特徴だ。自分の間でアドレスをしてから打つという動作が、ピッチングに似ているからではないか。

対する〝野手人間〟は、そうしたコンセントレーションの仕方が不得手だ。やはり受け身の要素が多い中でプレーしているからだろうが、反対にどんな局面に立たされても対応していける柔軟性がある。150キロのストレートが来ても、100キロそこそこのカーブを投げられても打ち返せるというイメージである。しかし、〝投手人間〟からは「あいつらは何を考えているかわからない」と言われる人種のようだ。

私は、〝投手人間〟にも〝野手人間〟にも長所と欠点があると思うが、それがすべての人間に当てはまるわけではない。〝投手人間〟の中にも野手的な考え方をする人はいると思うし、その逆もあるだろう。

これは、企業の中でも考えられる。生産部門の社員が「販売部の人間は……」と言ってみたり、汗を流して営業を続ける仲間同士で「あそこの部署は楽をしているらしい」などと言い合ったりする。こうした考え方も、マイナスの要素しか生まないだろう。

私は、他の部署の人間と積極的にコミュニケーションすることも勧めたい。これも経験談を書いておこう。

稲尾和久さんがロッテの監督をしていた時、試合が終わると、必ずと言っていいほど私は飲みに誘われた。そこには、投手コーチの佐藤道郎さんも加わって、三人でグラスを傾けることが多かった。

酒場での話題は、決まってその日の試合のこと。つまり、反省会なのである。監督とコーチと四番打者の反省会など、この時以外に経験したこともなければ、ほかに聞いたこともない。稲尾さんは、投手交代のタイミングなどについて、私に意見を求めてきた。

野球の話題に関しては、遠慮してものを言うことを知らない私は、きっぱりと自分の考えを話した。「今日は先発を引っ張りすぎたでしょう」とか「あの場面であいつを使うことはないでしょう」などなど。あまりにはっきり言い過ぎて、稲尾さんに「おいおい、監督は俺なんだぞ」と言われたこともあった。

だが、この反省会を繰り返すうちに、稲尾さんがなぜ佐藤さんと私を呼ぶのかが理解できた。稲尾さんは投手出身である。投手の交代については、佐藤さんと相談しながらやっていたのだろうが、最終的な判断を下すのは稲尾さん自身である。そこで、そうした考え方を野手の私に話し、野手側の考え方を知ろうとしていたのだ。いつしか私も、〝投手人間〟の考えていることが少しずつわかるようになってきた。そして、これは打席に入って投手と勝負をする際に、大きなアドバンテージとなった。私が85、86年と続けて三冠王を手にできたのも、この反省会が生きた部分があると思う。

また、佐藤さんという人も、打者心理についてよく私に聞いてきた。若い投手を指導する際の参考にしたいと言われたこともある。この時、私は佐藤さんが勇気のあるコーチだと感じた。自分が預かった投手陣をレベルアップさせるためなら、一選手である私の知識も吸収し、活用しようと努めるからだ。もちろん、稲尾さんも同じである。私は、この二人の指導者と出会えたことを幸運に思いながら、投手心理について徹底的に勉強させてもらった。こうした経験から、私は考え方やカルチャーの違う人間の話を聞くことの大切さを知った。

プロ野球界でも、ミーティングは投手と野手に分かれて行うことが多い。投手コーチが投手陣を集め、打撃コーチが野手を集めて別々に行う。いわゆる部署ごとの会議のようなものだ。この時、投手ミーティングでは四番打者、一方の野手ミーティングではエースに話をさせることを提案したことがある。現在ではこうした機会を設ける球団もあるようだが、これは選手にとっても、指導者にとっても大きな財産となる。

同じ考え方の人間が集まると、当たり前のこととして通り過ぎてしまう話題も、異なった考え方の人間が入ると質問が出たりする。そこで見落としがちな問題に気づいたり、新しいアプローチの方法がひらめいたりするからだ。企業で言えば、商品開発部の社員と販売部の社員のコミュニケーションを深めたり、そのグループに宣伝部の社員が入ったりしてもいい。会社が設定する全体会議のようなものではなく、カルチャーの異なった人間の考え方を知ろうとする集まりである。

また、考え方の違う人間の集まりが好奇心を刺激し、新しいアイデアの素となる。もっと言えば、組織の結束力も強めてくれるのではないか。自分の部署の会議に活気がないと嘆く前に、他の部署でエースと言われる社員を呼んできて話をさせてみてはどうか。話題は何でもいいだろう。きっと、自分自身が啓発されることもあるはずだ。

第五章

勝ち続けるために、自分自身を鍛えろ！

――仕事のプロとしての自覚と自信を手に入れるための「思考」

勝負を急ぐな。避けられるリスクを負うな

野球そのものは、1試合ごとに勝敗が決する。さらに細かく考えれば、一人ひとりの打者との対戦でも勝負がある。だが、プロ野球の場合、最終的な目標はリーグ優勝であり、それが仕事をしていく上での最高の成果だ。だから、そこへたどり着くためには、1試合、あるいは一人の打者との勝負にこだわりすぎてはいけないという側面もある。

これは会社でも同じだろう。営業職の場合、「営業成績」という名の最終的な目標はあるだろうが、すべての営業先から契約を取れるとは限らない。

投手であれば、すべての打者との勝負に勝ちたいと考える。それは当然の感覚だろう。しかし、試合に勝つという「目的」を優先させれば、してはいけない勝負もある。ホームランを量産している打者には、たとえ自分が得意とするボールでも投げてはいけない場面があるし、フォアボールで歩かせなければいけない局面もある。そうした〝本当の勝負どころ〟をいち早く嗅ぎ取り、より確実な投球をしていくのがクレバーな投手であり、良い

成績を残していくことにもつながる。

プロへ進むような野球選手なら、誰でもそんなことは理解している。ところが、なぜか冒険心や目先の欲に負けて、理解しているはずの〝してはいけない勝負〟をしてしまう。こうした状況は、一般社会でも経験したことのある人は多いのではないか。

2001年のシーズンでこんなシーンがあった。4月13日の巨人対横浜戦は、巨人の上原浩治、横浜の河原隆一と両投手が好調で、巨人が1対0という最少リードで9回表の横浜の攻撃を迎えた。ここで横浜は粘り、中根仁のソロ本塁打と鈴木尚典のタイムリーで2点を挙げて一気に逆転。その裏の守りでは、森監督が守護神に抜擢した斎藤隆が登板した。

斎藤は、常時140キロ台後半のストレートを投げられる実力の高い投手であり、この日のストレートはスピードもキレも抜群だった。そして、新人の阿部慎之助と代打の元木大介をいずれも内野ゴロに打ち取り、あとひとりというところまで漕ぎ着けた。打者は一番の仁志敏久である。体格は小柄だが一発長打のある仁志に対して、斎藤と谷繁元信（現・中日）の横浜バッテリーは、慎重に外角を攻めた。本塁打にされる確率が低いからだ。そして、勝負球にスライダーを選んだ。ところが、このボールが高めに浮き、仁志に同点のソロ本塁打を浴びてしまった。試合は振り出しに戻り、巨人が延長10回裏にサヨナラ勝ちを収めた。

私は、スポーツ紙の仕事でこの場面を見ながら、「スライダーだけは絶対にやめろよ」と言っていた。結局、私の指摘が現実になったことで、周りにいた記者たちは「何でわかったんですか?」と聞いてきた。これは、決して思いつきの結果論ではない。20年間の現役生活で、私が積み重ねてきた経験による〝勝負に勝つための選択〟なのだ。スピードという最高の威力を備えたストレートと、きっちりと決まれば文句はないが、投げ損なうと絶好のホームランボールになってしまうスライダー。どちらで勝負するかと問われれば私なら間違いなく前者を選ぶ。やはりスピードボールのほうが打ち取れる確率が高いからだ。

斎藤も谷繁も、プロの第一線で経験と実績を積んできた選手である。スライダーを選択したのは、何となくといった感覚ではなく、彼らなりの根拠がある。仁志を打ち取るために、最も効果的なボールだと考えたのだろう。ところが、彼らは「勝負を急いではいけない」という鉄則を忘れていた。

この場面では、ホームランだけは絶対に打たれてはならない。ならば、うまく打たれてもヒットにしかならないボールで攻め続け、結果的にヒットを打たれても次の打者と勝負することを考えるべきだった。実際、次の打順には後藤孝志が入っていた。斎藤が打ち取れる確率は、レギュラーであり、この試合でも2安打していた仁志よりも、後藤のほうが高いと考えられる。

仁志に対しては、ヒットやフォアボールならOKという姿勢で、外角のストレートを中心にじっくりと攻めるのが安全策である。スライダーをいいコースに投げ込めば、調子のいい仁志ですら打ち損じてゲームセットになるかもしれない。しかし、もし甘いコースに入ってしまったら……。これは、勝負する前に考えられることであり、斎藤と谷繁は「打ち取れるかもしれない」という冒険心を出して、負う必要のないリスクを背負ってしまったのだ。

では、なぜ横浜バッテリーは、わかっているリスクを負ってしまったのか。それは、以前にも同様のリスクを背負いながら、打者を打ち取るという結果に結びついた経験をしているからだろう。人間とは弱いもので、「勝負をしてはいけない」とわかっている場面でも、「今回はうまく乗り切れるかもしれない」という冒険心に負けて勝負を急ぐ。だが、こうした場面では冷静な分析力を持って、リスクを回避する方法を選択できる習慣を身につけておかなければならない。

しかし、斎藤と谷繁はさすがに賢いバッテリーだった。2日後の15日の対戦でも、横浜の1点リードで9回裏を迎え、斎藤はリリーフのマウンドに立った。先頭打者は仁志である。だが、この時の対戦では外角のストレートを主体にした投球でセンターフライに打ち取り、後続も断ってチームを勝利に導いている。

2日前の失敗を教訓にして同じ過ちを繰り返さなかったわけだが、ここで気をつけたいのは、この時の成功で気分を良くし、2日前の失敗を忘れないことだ。やはり人間とは弱いもので、ひとつの成功が自信になるのと同時に、それを導き出した失敗をいつしか忘れてしまう。だが、これでは同じ仕事で成功と失敗を繰り返すだけになる。

物事は、常に自分の思惑通りに進むとは限らない。だからこそ、どんな場面でも勝負を急いではいけない。1球で打ち取れる可能性があっても、じっくり攻めることだ。絶対にホームランを打たれてはいけない場面で、リスクを背負ってまでも「この1球で討ち取れるかもしれない」という攻め方はしてはならない。打たれてもヒットまでと考えて攻めれば、たとえそうなっても、もうひと勝負できる。これが〝勝負に勝つための選択〟なのだ。

避けられるリスクを負うな。それが勝負の鉄則だ。気持ちのどこかにある冒険心は、ホームランを打たれても勝敗には影響しない場面で満たしてやればいい。大切なのは、常に自分の置かれた状況を的確に分析し、避けられるリスクを負わないことである。

誰のためにやるのか。余分なプレッシャーを背負う必要はない

プレッシャーという言葉があるが、これは「誰のためにやるか」で感じ方がまったく違ってくる。余分なプレッシャーを背負ってしまい、自分の力を十分に出し切れない選手がいる。その反対に、〝ここ一番〟という場面で実力以上の力を発揮できる選手もいる。その違いがこれだ。オリンピックに出場する日本の柔道選手を例にして書いてみよう。

柔道は「日本のお家芸」と言われ、現在でも世界のトップクラスのレベルを誇っている。ゆえに、オリンピックへ出場できるような選手は、まず日本国内で高い実績を残し、世界選手権など国際大会でも顕著な成績を挙げている。だから、オリンピックの前になると、あらゆるメディアに取り上げられ、勝手に「彼は金メダルがノルマ」とか「彼女は、メダル獲得は間違いないだろう」などと報じられる。そうした情報をもとに、普段は柔道に興味を示さないような人たちまで、「あいつは金だろう」などと期待して見ることになる。

それを知っている選手たちも、様々な思いで試合に臨む。だが、結果は必ずしも期待通

りにはならない。金メダルを期待された選手が、それを実現すれば素晴らしいことだし、伏兵と言われた選手が表彰台に立つのも痛快だ。しかし、大きな期待をかけられた選手が金メダルを獲れないことはあるし、メダル自体に手が届かないこともある。

これは、オリンピックという大会での結果に過ぎないのに、勝手に期待した人たちが「期待外れ」だと言い、銀メダルが敗者であるかのように報じたりする。そうした傾向があるから、選手たちにも「負けたらどうしよう」という気持ちが芽生えてしまう。この「負けたらどうしよう」は、オリンピックに出場する選手にとって余分な荷物なのだ。そして、余分な荷物の大きさに比例してプレッシャーも重くなり、戦う前からそのプレッシャーに押しつぶされてしまう。

だが、最も大切なのは、選手自身がオリンピックという舞台をどう楽しみ、どんな財産を持って帰ってくるかだろう。なぜなら、柔道は誰のためでもなく、自分のためにやっているからだ。そこをきちんと整理し、「自分が納得できる戦いをすればいい」と思えるようになれば、余分なプレッシャーなど一切感じなくて済むのだ。

仕事でどんなにいい結果を残しても、周りのすべての人が納得するかどうかはわからないし、仕事もそこで終わるわけではない。それならば、自分のやった仕事に対して自分自身で区切りをつける。そして、自分自身に問いかけて「これでいい」と納得できれば次のステップへ進めばいいし、「まだできていない」と感じれば、次のチャンスにできるように準備すればいい。そこで、他人の目など気にする必要はない。

すべてパーフェクトにこなせる人間はいない。何とかしてパーフェクトにしたいという向上心は必要だが、そのために「もし失敗したら、他の人から何と思われるか」ということを考えてしまっては、余分なプレッシャーを背負うことになる。だが、何事も失敗して命までは取られるようなことはないだろう。オリンピックに出場できるような選手なら、出場する時点で世界が認めたレベルにあるわけだし、8人で走ってビリになっても世界第8位だ。出場できること自体を誇りに思い、勝っても負けても堂々としていればいい。

金メダルを期待されるような実力の選手が銀に終わった場合でも、一番悔しい思いをしているのは選手本人である。周りは勝手に期待して、勝手に裏切ったと言うが、選手本人が「自分で自分の期待を裏切った」と感じることのほうがよほどきつい。だからこそ、余分なプレッシャーを背負わず、自分自身が納得できる結果だけを考えて取り組むべきなのだ。

また、「プレッシャーを楽しめ」などと言う指導者がいるが、そういう人に限って不必要なプレッシャーをかけている。本当に大切な場面でもそうでない場面でも、同じようにプレッシャーをかけすぎるのだ。だから、自分自身で置かれている局面を分析し、余分なプレッシャーを取り除くことも必要だ。

話は変わるが、王さんは甲子園優勝投手という看板を背負って、鳴り物入りで巨人へ入団した。そして、投手よりも打者としての素質を高く評価され、1年目から一軍の試合に出場した。だが、開幕から26打席ノーヒットが続くと、ある記者から「高校を出てすぐに使ってもらっているのに、この成績であせりはありませんか」と聞かれた。それに対して、王さんはこう答えたそうだ。

「僕を使っているのは監督ですから……」

王さんは、豊かな素質と技術的な鍛錬だけで〝世界の王〟になったわけではない。自分で納得できるプレーだけを求め、余分なプレッシャーを背負わないメンタリティも持ち合わせていたのだ。

勝負事も仕事も、何らかの結果は出る。だが、その結果を前に「他の人はどう思っているのだろうか」と考えたり、仕事の過程において「もしうまくいかなかったら、自分はどう思われるのだろう」などと考える必要はない。それならば、自分自身でより高い目標設定をして、それを達成するためのプレッシャーを感じたほうがいい。そういう〝自分に跳ね返ってくるプレッシャー〟をかけるのであれば、仕事に取り組む意識も変わってくるだろう。

プレッシャー克服法は「開き直り」ではない。「やるべきことはやった」と実感することだ

余分なプレッシャーを背負うな、と書いたが、一般社会でも様々なプレッシャーと闘っている人は多いようである。講演でも「どうやってプレッシャーを克服しますか？」という質問が多い。

プレッシャーのかかる場面で活躍した選手が、ヒーローインタビューなどで「開き直ってやった」と言うことが多い。しかし、私は〝開き直り〟がプレッシャー克服法になるとは思えない。

そもそも〝開き直る〟ということは、「ダメでもともと」という気持ちで臨むことだ。「打てなくてもしようがない。それなら、思い切り振ってしまえ」と思ってやった結果が、たまたま良かっただけだろう。それらを称して〝開き直り〟と言うが、どうだろうか。良い結果を残すということは、そんなに簡単なものではない。

プレッシャーを感じたら、何でも開き直ればいいのか。結果が良ければ「開き直った」、

悪ければ「プレッシャーを感じていた」——そんな単純なものではないだろう。「開き直り」とは、実に便利な言い方だと思う。

では、どうすればいいか。自分の中で「やるべきことはやった」という実感を持ち、気持ちの整理をつけることだ。やるだけのことをやって、準備するだけのことはして、それでもダメなら、それは相手の力が上だったのだ。今度は、その相手の力に負けないために何をするかを考えればいいのである。何の準備もなく、開き直ってやれば良い結果が出るのかというと、そんなことは絶対にない。良い結果は、万全な準備があって初めて出せるものなのだ。

まずは、良い結果、すなわち自分が求めているものは何かをはっきりとさせることだ。

現役時代の私も、理に適ったバッティングをすることだけを頭に置いていた。それは、先述した通り、センターへ打ち返すバッティングである。だから、レフトスタンドへホームランを打ち込んでも、「今のは結果オーライで、決して褒められた打ち方ではなかった」と感じれば首を傾げながらベースを一周していたし、反対にチャンスでピッチャーライナーに倒れても、納得のいく打ち方ができたと思えば笑いを噛み殺してベンチへ戻っていた。

このように、センター返しのバッティングをするという明確な目標設定をして、その先に三冠王を視野に入れる。そのために必要なことを考え、毎日の練習の中でテーマを持ってやっていれば、「ここで三振したらどうしよう」などと、投手と対戦する前から結果を意識したプレッシャーにかかることはない。やるだけのことはやっているのだから、三振しても「相手が上だった。次の対戦では打ってやろう」という気持ちになれるのだ。

私に対して球団や監督が求めているのは、シーズンを通じて高い数字を残すことである。それを頭に置いていれば、一打席ごとの結果の善し悪しで一喜一憂することもない。そして、「打てなかったらどうしよう」とマイナス思考になることもない。むしろ、「ここまでやってきたのだから、打てないはずがない」というプラス思考の状態に自分を置いておくことができる。

私は、野球の試合の勝ち負けはエースと四番の責任だと考えている。私自身も、それだけの責任を負ってゲームに臨んでいた。だから、私が打てなくて試合に負ければ、インタビューでは「俺が打てないから負けた」と答えていた。だが、私が取らなければならない責任はそこまでだ。そう考えれば、そんなに大きなプレッシャーを感じることはない。

また、私の成績が悪くてチームも最下位になったとする。その責任を取って退団しろと言われたら、他の球団を探せばいい。プロ野球選手にとっては、最悪でもこうした責任の取り方しかない。そう考えておけば、まず余分なプレッシャーに押しつぶされることはなくなる。

そうした中で、もっと良い生活をしたい、もっと高い年俸をもらいたいと思えば、さらにいろいろなことを考えるようになる。それが、また新しい道を開く。私は、落合博満というプロ野球選手を〝欲の塊〟だと思っている。あらゆる面に欲深く取り組んでいたから、余分なプレッシャーを感じる暇などなかったのだ。

〝パーフェクトに近づくためには〝慣れ〟が肝心

プロ野球選手の仕事は、自分で数字（成績）を出すことが求められる。だが、100％を求めても絶対に無理だ。打率10割や防御率0・00などはあり得ないだろう。投手が開幕第1戦で完全試合を達成する。歴史に残る大偉業だ。しかし、それはわずか1試合だけのことでもある。次の登板で失点すれば、防御率は二度と0には戻らない。打者が最初の打席でヒットを打てば、1打数1安打で打率10割だが、それから1打席でも凡退すれば打率10割にはならない。パーフェクトな人間がいないのと同様に、仕事でパーフェクトな成果を挙げるのも不可能に近いといえる。

ただ、パーフェクトに近づくための時間と労力は惜しまない。それを惜しんだら仕事は前に進んでいかないし、人間的な成長も見込めない。

パーフェクトに近づくためには、「慣れ」というものが大切である。プロ野球選手として一流になるための秘訣のひとつには、いかにプロ野球という職場のスピードに慣れるか、ということもある。「慣れるだけでは絶対にできない」と言う人もいるが、慣れていないものをやれというほうが困難なはずである。例えば、野球経験のない人に「140キロのストレートを打ってみろ」と言っても、できるわけがない。それどころか、バッターボックスにまともに立っていることすらできないだろう。バッターボックスとは、それほど恐怖感のある場所なのだ。

私は現役を退いて3年目になるが、春季キャンプなどを取材する際にも、投球練習をしているピッチャーのボールを打席に立って見るようなことはまずしない。怖いからだ。もっと言えば、現役時代の私はスローペースの調整をしていた。これは、目や体が140キロのストレートに慣れるまで、打席に立つことは自殺行為だと考えていたからだ。前年のシーズンが終わってからキャンプ・インまで、わずか4カ月しかたっていなくても、すでに恐怖心が出ている。バッティング・マシンなどで慣らしながら調整していかないと、自らのバッティングそのものを崩してしまうのだ。

このように、ある仕事を経験している人ですら、しばらくその仕事から離れた場合は、慣れを取り戻す時間が必要になる。ゆえに、その仕事を初めて経験する人には、まず慣れさせることが大切だろう。

私の持論だが、本当のプロ野球選手というのは、一軍に定着してプレーしている選手だ

け を指す。ファームで腕を磨いている選手は、プロ球団のユニフォームは着ていても、まだ本物のプロ野球選手ではない。

一般社会もそれと同じだろう。学生が採用試験を受け、内定通知をもらってサラリーマンになる。大学までに学んだ専門知識が生き、即戦力となれる職種もあるだろうが、総体的に見れば、これから取り組む仕事に対する予備知識はゼロに近いといえる。入社前研修なども行われているようだが、プロ野球の春季キャンプのように十分な準備期間とは言えない。それでも4月1日からは社員証を持たせてもらえるが、実際にその会社の戦力となるまでには時間を要する。

まさにゼロに近いところからの出発だから、上司や先輩が手取り足取り教えてやる期間が必要になる。会社が作った商品を持たされ、いきなり「おまえが売ってこい」と言われても、なかなか売れるものではない。また、組織として覚えておいてもらいたいということも、最低限は教えなければならない。

ある程度の経験を持った人が新人の教育をすることは、どんな社会でも必要だ。それに対して、教えられる側は「上司や先輩から教わること」と「ある程度の教えを生かして、自分で考えていかなければならないこと」の区別をしっかりとつけておきたい。なぜなら、教えられることに慣れすぎてしまうと、ひとつの目標を達成した時に、次は何をどうすればいいのかわからなくなってしまうからだ。

私の経験で言えば、一流のプロ野球選手になるためには、バッティングは人から教わってはいけない。自分自身で考え、感性を磨いて作り上げていくものだ。対して、プロの守備はプロの指導者から徹底的に教わらなければ身につかない。センスや感性よりも、基礎や反復練習が重要なのだ。これこそが、私の言う「慣れ」なのである。

サラリーマンにとって、書類や伝票類の書き方などは大切なことだ。正しいマニュアルを教わるべきだろう。しかし、商品の売り方や商談の進め方は、上司の指導を受けながら経験を積み、自分のやり方を見つけていくべきだ。

野球には「練習量は嘘をつかない」という言葉がある。正しく理に適った練習を、頭を使って繰り返す。頭を使い、体に覚えさせるという練習を人の三倍も四倍もやって、ようやく現場に「慣れ」ていく。それが成功の秘訣であり、その積み重ねが評価につながっていく。

これは笑い話だが、私の事務所に税理士が来る。彼も数字の世界に生きる人間だが、彼は掛け算でも割り算でも、計算をする時には電卓を使う。難しい計算でなくても、必ず電卓を叩く。その間、私も同じ計算を暗算でするのだが、答えを出すのは私のほうが速い。税理士は「なんでそんなに速いんですか」と言うが、簡単な計算には慣れているからだ。

毎シーズン、自分の打率やチームの勝率など数字を見ながらプレーをしていると、簡単な計算式の答えは頭に入ってくる。首位打者争いをすれば、「この試合で5打数3安打ならトップに出るな」などと考えているから、頭で計算することには慣れてしまうのだ。

勝負は先行する者が有利。差をつけたら、そこから追い込み型に切り替えよ

公言した目標に向けた取り組み方は、ひとつだけではない。目標を達成するために、最初にやるだけやっておいて後で遊ぶか、切羽詰まってから追い込みにいくか。一見すると前者が理想的に思えるが、実は両方とも必要だ。

本塁打王争いをしている時の私も、まずはライバルを気にせず、できるだけ多くの本塁打を積み重ねていくことに集中した。公言した自分との闘いである。これでトップをキープすることができ、少し余裕が出てきたら、ライバルの数字を見ながらもっと引き離すことを考える。反対にリードを許している場合は、追いつくか逆転してトップに立つまで、自分との闘いをしばらく続ける。

トップにいてライバルの数字を見た時、一番悪いのは精神的な余裕が妙な安心感になることだ。勝負事には流れがある。自分が持っていた勢いが、いつ相手のものになるかはわからない。そんな中で安心感を抱いてしまうと、たとえトップを走っていようと、ライバ

ルが追い込みをかけてきた時に、もう一度エンジンをかけ直すことができない。

また、タイトル争いでも優勝争いでも、「追いかけるほうが有利」と言う人がいる。それは、本当の勝負を経験したことのない人の見方だ。どんな場合でも、勝負事は一歩でも半歩でも先を走っている者のほうが有利である。まさに、逃げるが勝ちなのだ。

だから、切羽詰まってから追い込むのは、どこかに落とし穴がある。あせって変な怪我をしてみたり、必要以上の力を出そうとしすぎて無理がたたることもある。そうなる前にリードを保ち、余裕のあるうちに自分自身に追い込みをかけていくのが理想だろう。ゆえに、タイトルを獲ったり、目標を達成するためには、先行型、追い込み型の両方を兼ね備え、場面に応じて使い分けなければならない。

そして、勝負が終わったり、目標が達成されて初めて「ああ、終わったなぁ」と安心すればいい。私は、シーズンが終わったその日から3日間か4日間は、必ず寝込んでしまったものだ。不思議と毎年のように風邪もひいた。恐らく、緊張感から解き放たれ、疲れがどっと出るのだろう。食事にもトイレにも起きないで、丸3日間寝込んだこともあった。さすがに、この時は妻にも「どうしたの？」と心配されたが、それはそれでいいのだろう。

仕事はそれで終わりではない。私で言えば、また次のシーズンがやってくる。そこで再び集中していくためには、その人なりの休息も必要だ。

「時間がない」は単なる言い訳。時間の使い方が下手なだけだ

自分が積極的に行動していないにもかかわらず、その言い訳をする人が本当に多い。彼らは「時間がなかった」と言うが、そもそも時間とは自分でつくるものだ。

スポーツの部活動をしている高校生なら、朝早く登校して練習し、放課後も練習して夜遅く帰宅する。家に帰ってきて夕食、入浴と済ませたら、バタンキューで寝てしまう。それで「家では勉強する時間がない」と言うのなら、何も家で勉強する必要はない。眠いなら眠ればいい。その代わり、授業中は先生の言うことを一字一句漏れなく聞いてノートを取る。それだけ真剣に1日5～6時間の授業を聞いていれば、勉強は必ずできるようになる。それなのに、授業中にも居眠りをしたりするから、家で勉強しなければならなくなる。つまり時間がないのではない。時間の使い方が下手なだけだ。

私は仕事のスケジュールが空いた日に、子供と映画館へ行くことがある。館内にはサラリーマン風の人が案外多く、昼間から映画を観ている。仕事の合間に時間をつぶしている

のだろうが、そういう姿を見ると、時間の使い方が下手だと思ってしまう。

時間の使い方で言えば、私にも印象深い思い出がある。巨人に在籍した96年のシーズンのことだ。8月31日の中日戦で、私は左手小指にデッドボールを受け、野球人生で初めての骨折を経験した。

この時、巨人は驚異的な追い上げで中日、広島と首位争いをしていた。長嶋監督からは「必ず優勝するから、治療に専念して日本シリーズには間に合わせてくれ」と言われ、私は戦線から離脱した。巨人は129試合目にあたる10月6日にリーグ優勝を決め、オリックスとの日本シリーズは10月19日から始まることになった。

私の骨折は順調に回復していたが、骨がくっついたからといって、すぐにプレーができるわけではない。ここから体をつくり直し、バットを振れる状態にして初めて試合に復帰できるのだ。ところが、日本シリーズ開始の10日前になっても、骨は完全にくっつかなかった。私には、もう本当に時間がなかった。

そこで、医者の制止を振り切って練習を始めることにした。それで何とか日本シリーズに間に合わせようとしたが、やはり練習できるのが10日では少なすぎる。私はいろいろと考えをめぐらせた結果、1日を2日にしてしまうしかないと判断した。

日本シリーズへ向けた練習は、春季キャンプなどとは違う。1年間戦える体力をつけるのではなく、目前に迫った試合に向けての調整である。だから、チーム全体で行う練習は、午後1時から3時までの2時間といったように軽いものである。だが、私は午前中から打撃練習を開始し、1日分の練習を終えたら少し休息を取り、午後にも同じ練習をした。つまり、午前と午後に同じ練習を消化することによって、1日で2日分、10日で20日分の練習をこなそうとしたわけだ。

こうした練習方法では体力的な負担が大きく、コンディションの面から考えれば、日本シリーズの前に行うべきものではない。それは百も承知だった。しかし、私が最優先に考えなければならないのは、「日本シリーズには間に合わせてくれ」という長嶋監督の言葉なのだ。私が欠場することになれば、監督の戦術的な青写真はすべて狂ってしまう。だからこそ、子供じみた発想かもしれないが、私は1日で2日分の練習をこなす方法を選択した。これも、有効な時間の使い方のひとつだろう。

私は何か困難な問題にぶつかった時、自分の置かれた状況を正面からだけではなく、横から斜め、上から下と、様々な角度から見つめるようにしてきた。そうすれば、どこかに打開策はある。だからといって、こうしたやり方をほかの人にも勧めることはしなかった。自分が直面した問題を乗り切る時は、その人独自の方法が一番良いからだ。自分の方向性、やり方などに、独自のものを見つけさえすれば、道は何とか開けていく。

方向性もやり方もたくさんある。そのプロセスにおいては、余分なことも考える。私が1日を2日にする練習に取り組んだ時も「こんなバカなことを考えて……」と言われたりした。だが、たとえそう言われても、自分に必要なことなら、やらなければならない。そのためには、あらゆる工夫を凝らして時間をうまく使うことだ。

自分で作ったマニュアルを使えるのは自分だけ

私が85年に、本気で三冠王を獲りにいったことは先述した。そして、幸い目標通りに三冠王を獲ることができたので、私の中にはわずか1年で〝三冠王獲得マニュアル〟ができた。だから、次の年からはこのマニュアルに基づいてシーズンを戦い、結局は引退までやり方を変えることがなかった。変える必要もないと考えたからだ。そうした経験から、自分で作ったマニュアルの使い方を書いてみたい。

自分で作ったマニュアルというものは、何かのきっかけで変えなければならないとか、マニュアル自体が通用しなくなる前に手を打ちたいということが、どこかで出てくる場合はあるだろう。だが、自分の仕事がまだ発展途上の段階にあったり、目標を達成するプロセスにいる時は、マニュアルの中身には手をつけないほうがいい。そのまま流れに任せていたほうが結果的にはいいいし、余分なことをしないで済む。

「このマニュアルでやっていくのは、そろそろ限界かな」と感じた時に初めて変えても、まだ間に合う。ただ、完璧に使えなくなってから変えたのでは遅い。その微妙な差を自分自身で見極めることが大切だ。

私の場合は、86年にも続けて三冠王を獲得し、自分のマニュアルにさらなる裏づけができた。ところが、翌年以降は再び三冠王を獲ることはできなかった、つまり目標を達成していないから、マニュアルを変えずに使い続けたわけである。また、理由はもうひとつある。他の選手が私以上のマニュアルを作って三冠王を獲らなかったことだ。これは、その時点のプロ野球界において、私のマニュアルが最も優れている、あるいは効果があるということを示している。そして同時に、私以上に野球を勉強している選手がいないということにもなる。

そうやってマニュアルを作って仕事に取り組むことは、何も特別な能力を必要とするものではない。私だからできたのではなく、誰にでもできることだ。ただ、マニュアルの作り方がわからないだけだろう。

では、最初は誰かのマニュアルを真似てやってみて、それから自分のマニュアルを作り上げることは可能か。いや、これも難しいだろう。自分のマニュアルを使えるのは自分だけであって、ほかの人に「使え」と言っても、またほかの人が真似ようとしても、うまくはいかない。だから、一人ひとりの人間が、それぞれ自分のためのマニュアルを作っていかなければいけないのだ。私のマニュアルを同じように使って成功できるのは、私のクローン人間だけだろう。

さて、自分のマニュアルを作り出すことは、それほど難しい作業ではない。自分のことは自分が一番よく知っているわけだから、性格、考え方、仕事の進め方などを考慮しながら練っていけばいい。どんな仕事でも、自分が積み重ねてきた経験の中で「こうすればうまくいく」、あるいは「こうしたら失敗する」というものがあるはずだ。それをしっかりまとめておいて、最終的に自分の仕事のコツにする。経験を積めば積むほどコツは増えていく――つまり、マニュアルも確かなものになっていくはずだ。反対に、「ほかの人のマニュアルを作れ」と言われるほうがよほど困難だろう。ここがコーチングの難しさとも言える。

ヘッド・ハンティングは大歓迎。ただし、最初に切られるのも自分という覚悟が必要

私の移籍の経緯を一般社会に当てはめると、トレードは人事異動だ。

私は20年間の現役生活で、ロッテを振り出しに中日、巨人、日本ハムと四つの球団を渡り歩いた。ロッテから中日へはトレード、中日から巨人へはフリー・エージェント、そして巨人から日本ハムへは自由契約と、球団を移った経緯もいろいろあった。だから、生え抜き意識はないし、「どこの球団が一番良かったですか」と聞かれても答えようがない。ユニフォームを着てプレーしている時は、その球団に思い入れがあっても、ほかへ移ったらそうした感情はなくなるからだ。

ロッテだけしか知らない頃は、まさか自分がほかの球団でプレーすることなど想像もできなかった。だが、実際に中日へ移ってみると、「パ・リーグからセ・リーグへ移ったといっても、やるのは同じ野球じゃないか」ということが実感できた。日本プロ野球株式会社の中で、パ・リーグ部からセ・リーグ部へ異動になったという感じだった。

トレードが人事異動なら、フリー・エージェントはヘッド・ハンティングだ。自分で「自分を高く買ってくれる球団でプレーします」と宣言し、誘われた巨人へ移った。そして、その巨人から日本ハムへ移った時は、簡単に言えば解雇である。クビになった人間をまだ使いたいという球団があっただけのことだ。私の野球人生は、実にビジネスライクに展開したと言えるだろう。

さて、一般社会でもヘッド・ハンティングが盛んになってきたようだ。家族のことなど考える要素はいろいろあるだろうが、自分を生かせると思ったら、どんどん他の企業へ移ればいいと思う。ただし、そうやって引き抜かれてきた人間を見る目は厳しい。何かあった時に、最初に切られるのも自分だという覚悟は必要だ。巨人へ移る時の私も、そうした覚悟を固めていた。

さらに能力のある人間が来れば、先に引っ張られた人間は切られる。日本の企業はいまだ終身雇用制を引きずっているから、よそから連れてきた人間が厳しい環境にさらされることは、頭に入れておかなければならない。

だから、ヘッド・ハンティングされた人間は、これでもかというぐらい勉強して、ほかの社員より一歩でも半歩でも先へ先へと走っていかなければいけない。そして、着実に実績を積んでいくことが大切だ。

前の会社で大きな契約をいくつも成立させたとしても、新しい会社での実績はゼロである。絶対にしてはならないのは、「俺はどこそこの会社で、営業のエースと呼ばれた人間だ」などという突っかかい棒を頼りに歩いてしまうことだ。そんな人間は、必ず大変な目に遭う。

使い尽くされた言葉だが、初心を忘れないで仕事に取り組まなければならない。「前の会社での実績は、まぐれだったのかもしれない」くらいの気持ちで実績を積み重ねて初めて、新しい環境でも認められるはずだ。

たとえ結果が出なくても、自分がやってきた事実まで否定するな

スポーツ選手の場合、思い通りの結果が残せなくて、自分のやってきたことが間違いではないかと思う時期は必ずくる。スポーツ選手だけではない。どんな仕事でも、あるいは人生そのもので、こうした精神状態になることはあるはずだ。だが、そこから抜け出さないと、何事も本当に自分のものにはならないということを覚えておきたい。壁にぶち当たった時に、自分のやってきたことを否定してしまうと、すべてがスタートに戻ってしまう。

私が横浜キャンプで指導した多村、石井義人、田中一徳の三人は、いずれも野球界のエリートだ。多村仁は横浜高、石井は浦和学院高、田中はＰＬ学園高で3年間腕を磨き、甲子園にも出場している。高校時代から相当の練習を積み、プロの門を叩くことができたのだろう。

だが、私との練習後、三人に「これだけの回数、スイングをしたことがあるか」と聞くと、はっきり「ない」と答えた。確かに、それだけのスイングをしていたら、多村のよう

に形が変わることはないはずだ。短期間の練習で形が変わったのは、それだけのスイングをしたことがないという、いい証拠にもなった。

また、これほど長い時間、私がずっと見ているとも思っていなかっただろう。2時間でも3時間でも、私は椅子に座って、彼らのスイングをじっと見ていた。特打ちでも何でも、コーチは1球1球すべてを見ているわけではないので、ずっと見られていた彼らも、手を抜けなかったのではないか。

三人が共通して良かった点は、前向きな学習意欲を持っていたことだ。こういう機会はそうあるものではないと、できる限りのことを吸収したいという気持ちを強く持っていた。ただ、こうした練習をした後に、ひとつだけ困る問題がある。すぐに結果に結びつかない時に、自分がやってきた練習を否定してしまうことだ。練習して、すぐに良いものが出てくればいいが、そうでない時は「俺のやり方は間違っているのではないか」という気持ちに陥りやすい。しかし、正しい方向への努力はしているのだ。何もその事実までは否定してもらいたくない。

こんな状態の時、スポーツ選手ならひたすら練習に打ち込むという方法がある。確かに、そこで寝込んでしまうよりは、体を動かしたほうが得策かもしれない。何事も、行動しないでくよくよしているよりは、動いてみて悩むほうがいい。しかし、それでも結果が出てこないのは、練習がまだ足りないか、自分に合っていないか、どこかで目指す方向を間違えているかだ。

こうした状態から脱出する近道はあるか。私は、他の人がやっている姿を見て、「ここが良い、ここが悪い」と、自分なりに分析することを勧めたい。自分のやっていることだけではなく、他の人の動きを分析すれば、本当の良い悪いが徐々に理解できるようになる。そして、自分のここが悪くなったと思えば、自分自身で直すことができるようになるのだ。

私は、土肥さんという先輩選手のフォームを採り入れてみることから、一軍への道を開いたと書いた。この姿勢は、三冠王を三度獲得し、周囲からは私が手本と見られるようになっても変わらなかった。参考にするのは、タイトルを争っている一流のライバルだけではない。自分より若い選手の場合もあるし、時にはファームにいる選手から学ぶこともある。

技術と実績はイコールではない。三冠王を獲った私が完璧かといえばそうではないし、ファームにいる選手がいい技術を持っていないかといえば、これも違う。いいものはいいのだ。それが理解でき、必要に応じて自分の中に採り入れる姿勢があるからこそ、高い実績が残せるのである。

だから私は、ある程度の実績を残している選手にアドバイスを求められたら、その選手の技術についてコメントするのではなく、「良い技術解説者を目指してみろ」と言った。他の選手の動きを観察し、そこから良いもの、悪いものを的確に見極める。これができるようになれば、自分の良い部分、悪い部分についても正しい認識が持てるし、次のステップを目指す時の手本も見つけやすい。

野球で言えば分解写真やビデオなど、文明の進歩によって活用できるものは増えている。自分の姿をビデオに撮り、それを自分で第三者的な視点で見てみるのもいいだろう。とにかく、活用できるものは何でも試してみることだ。

もちろん、アドバイスを受けるのもいいだろう。ただし、質問の仕方は「どうやったらいいですか」ではない。上司の言葉の端々には、必ずヒントめいたものがある。それを自分で見つけて生かしていく。上司に手取り足取り教えてもらっていては、いつまでもその人を追い抜くことができない。その人のやり方をただ継承していくだけだ。

会社を舞台にしたテレビ・ドラマを見ると、「この人についていけば間違いない」というセリフがよくあるが、私にはそんな状況が信じられない。最近の自民党のようなものではないか。組織や派閥の中にいれば怖くないと思っている人間の勘違いだ。そもそも最近の若い人は、孤独でいられない傾向にある。自分の世界だけで生きているような人でも、孤独には耐えられず、常に誰かが周りにいないと落ち着かない。

自分の世界に入るのは簡単だ。自分勝手なことをしていればいいし、人の迷惑を顧みることもない。しかし、孤独感には耐えられない。社会で生きていくためには、最終的には自分で判断し、自分で行動しなければならない。そのためには、いろいろな人の話を聞いて、いろいろな知識を吸収し、何がいいか悪いか、自分の頭の中で判断して実行してみることだ。

何か壁にぶつかり、その乗り越え方が見つからずに悩んでしまった時は、「自分はダメだ」と結論を出す前に、周囲の人たちの動きを観察してみよう。困難を打ち破るヒントは、自分の周りに無数に転がっているはずだ。

チャンスは、どんな形でやってくるかわからない。だからこそ、常に真面目に生きる

人間の運というものは、どこに転がっているかわからない。だからこそ、普段から真面目にやっておくことだ。チャンスは、どんな形でやってくるかわからない。

加えて言えば、仲間との信頼関係も大切にしておくことだ。自分が将来どんな立場になり、その時に昔の仲間がどんな形で力になるかもわからない。自分が昇進した時に、「あいつには協力したくない」と思われる人間にはなりたくない。月並みな言い方だが、真面目に生きていくことも大切だ。

私は四番打者としてチームの看板選手になってからも、守備位置がコロコロと変わった。監督から、「悪いけど、チームの編成上ここを守ってくれ」と言われれば、「わかりました」と言うしかない。私が承諾をしなければ、チームの青写真ができ上がらない。ここで「なぜ、俺が動かなくちゃいけないんだ」と言って我を通してしまう選手は、チームにとって不要な存在だ。

こうした件で、一度だけ監督から相談を受けたことがある。83年のシーズン・オフに、翌年からロッテの監督に就任することになっていた稲尾さんが、私を訪ねてきた。稲尾さんは単刀直入にこう言った。

「巨人の山本功児（前・千葉ロッテ監督）をトレードで獲ろうと思うが、オチはどう思う？」

私はピンときて、こう返した。

「功児さんには、どこを守らせるんですか？」

稲尾さんは「ファーストだ」と答えた。82年まで主にセカンドを守っていた私は、チーム事情で83年からファーストに回っていた。1試合を除いて、すべてファーストで出場していたのだ。だから「俺はどこをやるんですか？」と聞くと、「サードへいってもらえないか」と言われたので、「わかりました」と私は答えた。

稲尾さんが監督として決断したことなら、一選手がどうこう言える問題ではない。無論、監督が事前に選手に打診する必要もない。これは、稲尾さんなりの主力選手に対する配慮だったと思う。これで、山本さん獲得の話にはゴーサインが出た。

余談になるが、稲尾さんの配慮により、私は山本さんがロッテに来ることを知ってしまった。その何日か後、イベントか何かで山本さんと顔を合わせる機会があったので、「功児さん、来年から一緒にプレーできるのを楽しみに待っていますよ」と言った。その時点では、このトレード話は発表されていなかったから、山本さんは「こいつ何を言っているんだ?」という顔をしていた。これは、今でも山本さんと会った時の笑い話だ。

さて、このトレードは成功した。巨人では控えに甘んじていた山本さんだったが、ロッテではファーストのレギュラーとして125試合に出場し、パ・リーグ第9位となる3割1厘という打率をマークした。その後も活躍を続け、88年限りで現役を引退すると、すぐに指導者の道を歩み始める。二軍監督などコツコツと実績を積み重ね、99年にはついに一軍の監督まで上り詰めた。

恩を着せるつもりはないが、もしも稲尾さんの打診に対して、私が首を横に振っていたら……。山本さんの野球人生はどう展開していたのだろう。それを考えると、人間の運というものも面白い。

実は私だって同じだ。私は78年のドラフト会議でロッテから3位指名を受けたが、この時に巨人が2位で指名するという話があったらしい。ところが、〝江川騒動〟によってドラフト会議をボイコットしてしまったから、私を指名することもできなかったのだ。だが、巨人がドラフト会議に出席していて、私を2位で指名していたら……。私が三冠王を三度も獲得できるような選手になれたかどうかはわからない。

人生で満点の答案は書けない。だから、壁にぶち当たっても逃げるな

人生において、学校の試験のように満点の答案を書くことはできないだろう。だからこそ人生は面白いのである。自分の道を切り開いていくためには、苦しんだり悩んだりすることも必要だ。苦しんで、苦しみ抜いて、そこでようやく答えが出て、明るい兆しが見えてくれば、それが自分の財産になる。常に頭を使って考えていれば、どんなことでも道は開けてくる。自分の探している答えは、必死になって見つけなければいけない。

ところが、口で言うほど答え探しは楽ではない。何かの壁や困難にぶち当たって、そこを切り抜ける答えが見つからないと、「これができなくても、自分はほかのことができるからいいや」と思って逃げてしまいがちだ。しかし、一度逃げてしまうと、物事をそこから先に進ませることはできない。

目の前に高い壁があったとしても、それを乗り越える方法はいくつもある。ハシゴを持ってきてもいい。壁に沿って壁がなくなるまで歩けば、回り道になるが向こう側へはたど

り着ける。ダイナマイトで壁を爆破させても、地面に穴を掘ってもいいだろう。とにかく考えてアクションを起こせば先に進める。だが、そうする前に「ダメだ」と諦めて帰ってきたら、何も得るものはない。

近頃は、一般社会でも正攻法だけで物事を処理しようとしすぎるのではないか。たとえ回り道をしても、そこで答えが見つかればいい。誰だって、悶々として眠るよりも、すっきりとした気分で床につきたい。ならば、ある程度の答えを出さなければしようがない。次の日に再び考えた時、別の答えが出てきたら、それはそれでいい。

プロ野球選手だって、毎日のように考える。ホームランを打った試合のあとでも、「結果は良かったが、思い通りの打ち方はできていない。きっと、フォームのどこかが崩れているな」と分析しておけば、すっきりして次の日の試合に備えられる。翌朝のスポーツ紙には「会心の一発」と書かれているかもしれないが、本当はたまたまホームランになっただけなのだ。

結果が良かったから「ああ、気分が良い」と感じて眠ってしまう選手と、ホームランを打っても自分のバッティングを考え、「明日はここを直さなければいけない」と自分なりに答えを出して、次の日に練習する選手とでは、経験を積んでいくほど大きな差がついてしまう。常に自分のバッティングを考えている選手は、三振を喫しても「自分の状態は悪くない。この三振は意味があるんだ」と納得して眠ることができる。だが、そうでない選手は三振という結果に、ただ「悔しい、悔しい」と悶々としてしまい、寝つきが悪い夜を過ごすことになる。翌朝、目が覚めてもまだ「悔しい」だけでは、話にならない。

何事も、できるだけその日のうちに、ある程度の答えを出して、それを次の日に試してみればいい。ぶち当たった問題をその日のうちに処理し切れないと、それがだんだん積み重なっていく。そうなってしまうと、行き着くところは〝ヤケ酒〟か。グチや上司の悪口を言って、その時は気分爽快で家に帰っても、自分の中には何も残っていない。そのツケは、必ず自分自身に跳ね返ってくるのだ。

仮に、上司との間でトラブルが起きてしまったとする。しかし、考えようによっては、トラブルの原因は上司ではなく、自分にあるのかもしれない。感情的にならず、冷静に考えて答えを探せば、きっと進むべき道は見つかるはずだ。他人の責任にして、グチに逃げてはいけない。それを慰め合うことも無意味だ。酒も楽しく飲みたい。ならば、壁にぶち当たっても逃げず、必死で突破口を見つけるべきだ。

良き理解者が三人いれば、人生は見誤らない

自分の人生を見誤らないためには、親友というか、本当に親身になって自分のことを考えてくれる良きアドバイザーを見つけることが大切だ。それも、三人は必要である。良き理解者が一人だけでは、進むべき道を誤る可能性もある。

社会人になって何か仕事をしていても、「自分にはもっと合った仕事がある」とか「自分には別の才能がある」と思っているから、転職もできるのだろう。私の知人でも、そうやって自分の才能をうまく見つけられた人は、意外と成功している。だが、時の勢いに乗じて「みんながこれをやって成功しているから、自分もやってみよう」と考えてやった人は、たいがい失敗している。

「今からそんなことを始めたって、無理だからやめておけ」と周りから言われたのに、自分の我を通して失敗した人もたくさんいる。そして、「あの時、周りの人の言うことを聞いておけばよかった」と後悔する。

「俺はこれがやりたい」と言って、自分の進む方向を決める時に、それを親身になって考えてくれる人が三人欲しい。その三人の意見が2対1で「やめるべき」なら、勇気をもってやめるべきだ。しかし、3対0で「やってみろ」と言われたら、まず成功できる。そういう人間を探すことだ。

まず一人目を見つけるのに、最も手っ取り早いのが結婚だ。ちなみに、私は一軍に定着して年俸をたくさんもらうようになってから結婚したわけではない。年俸360万円で、昼食は毎日カップラーメンという時からつき合って一緒になった。妻は、私のそんな時代も知っているから、今でも「水さえ飲めれば、何とか生きていくことはできる」と考えている。

プロ野球選手は、ある程度成功してから結婚する人が多い。ところが、私たちはドン底の生活とまではいかないが、一番下から出発して、プロ野球選手は大変だということも肌で感じてわかっている。そして、良い思いも一緒に味わった。このことが、私の人生においても幸いしたと言える。

私の妻は、どちらかというと、私の外敵に対しては体を張って阻止する。「落合があって、息子と私がいる」という考えの人だ。最初にくるのは、自分ではなく落合博満である。自分は何を言われても、亭主が仕事に専念できればそれでいい。こういう人は、なかなかいないだろう。

柄にもない自慢話をしてしまったが、そんな妻と息子とともに、現役時代は「行けるところまで行ってしまえ」という感じで、前だけを見て突っ走ってきた。しかし、ユニフォームを脱いだ今は、別に急ぐ旅路でもなかろうと、のんびり暮らしている。ちょっと余裕のある普通の生活という感じだ。貧しくはないが金持ちでもない。時間的にもゆとりがある。これも、プロ野球選手という仕事を目いっぱいやってきたからこその今だと思う。そんな人生を過ごすためには、ぜひあなたにも三人の良き理解者を見つけてほしい。

著者紹介

落合　博満（おちあい・ひろみつ）

中日ドラゴンズ監督。

昭和54年ドラフト３位でロッテ入団。56年打率.326で首位打者になり、以後58年まで３年連続首位打者。57年史上最年少28歳で三冠王を獲得、60年には打率.367、52本塁打、146打点という驚異的な成績で２度目の三冠王とパ・リーグの最優秀選手（MVP）に輝いた。61年には史上初の３度目、２年連続の三冠王を獲得。通算成績は2236試合、7627打数2371安打、510本塁打、1564打点、65盗塁、打率.311。2004年より、中日ドラゴンズ監督。

著書に、『落合にきけ！』（朝日新聞社）『プロフェッショナル』『野球人』（ベースボール・マガジン社）『激闘と挑戦　巨人軍・落合博満が闘った奇蹟の136試合』『不敗人生43歳からの挑戦』（落合博満・鈴木洋史。小学館）『勝負の方程式』（小学館）『なんと言われようとオレ流さ』（講談社）がある。

コーチング
言葉と信念の魔術

2001年８月30日　第１刷発行
2010年10月７日　第19刷発行

著者／落合博満
装幀／石澤義裕
表紙撮影／須田慎太郎
製作・進行／ダイヤモンド・グラフィック社
印刷／堀内印刷所(本文)・共栄メディア(カバー)
製本／ブックアート
編集担当／土江英明

発行所／ダイヤモンド社
〒150-8409　東京都渋谷区神宮前6-12-17
電話／03・5778・7236(編集)　03・5778・7240(販売)
http : //www.diamond.co.jp

ISBN4-478-72021-5